# FUNDOS DE INVESTIMENTO EM PORTUGAL
## ANÁLISE DO REGIME JURÍDICO E TRIBUTÁRIO

TIAGO DOS SANTOS MATIAS
JOÃO PEDRO A. LUIS

# FUNDOS DE INVESTIMENTO EM PORTUGAL
## ANÁLISE DO REGIME JURÍDICO E TRIBUTÁRIO

# FUNDOS DE INVESTIMENTO EM PORTUGAL
# ANÁLISE DO REGIME JURÍDICO E TRIBUTÁRIO

**AUTORES**
TIAGO DOS SANTOS MATIAS
JOÃO PEDRO A. LUIS

**EDITOR**
EDIÇÕES ALMEDINA, SA
Av. Fernão Magalhães, n.º 584, 5.º Andar
3000-174 Coimbra
Tel.: 239 851 904
Fax: 239 851 901
www.almedina.net
editora@almedina.net

**PRÉ-IMPRESSÃO | IMPRESSÃO | ACABAMENTO**
G.C. – GRÁFICA DE COIMBRA, LDA.
Palheira – Assafarge
3001-453 Coimbra
producao@graficadecoimbra.pt

Setembro, 2008

**DEPÓSITO LEGAL**
281557/08

Os dados e as opiniões inseridos na presente publicação
são da exclusiva responsabilidade do(s) seu(s) autor(es).

Toda a reprodução desta obra, por fotocópia ou outro qualquer
processo, sem prévia autorização escrita do Editor, é ilícita
e passível de procedimento judicial contra o infractor.

---

*Biblioteca Nacional de Portugal - Catalogação na Publicação*

PORTUGAL. Leis, decretos, etc.

Fundos de investimento em Portugal : análise do
regime jurídico e tributário / [anot.] Tiago dos Santos Matias,
João Pedro A. Luís

ISBN 978-972-40-3594-9

I - MATIAS, Tiago dos Santos
II - LUÍS, João Pedro A.

CDU   347
      336

## NOTA DOS AUTORES

Inicialmente pensado como um estudo sobre o regime tributário português dos Fundos de Investimento, o presente estudo viu o seu âmbito alargado ao longo da sua realização, muito por força da constatação dos autores da lacuna existente na doutrina portuguesa nesta matéria, dos Fundos de Investimento, bem como a ausência de debate dos seus problemas ou questões.

Com efeito, não deixando de ser enigmática a falta de atenção dedicada pela doutrina financeira, tributária e contabilística a este interessante e estimulante tema, atenta a antiguidade do regime e a difusão deste meio de investimento e aforro, não podemos deixar de notar que tal facto tem tido reflexo no mercado português dos fundos de investimento, os quais, resultado de algum desconhecimento, inclusivamente por parte de entidades administrativas, tem sido olhado com algum desdém e, porque não dizê-lo, desconfiança.

Exemplo disso é o recorrente rumor de revisão do regime tributário e do regime legal dos fundos de investimento, objecto de estudo recente por parte de entidades administrativas, as quais, pretendendo avaliar as insuficiências do regime em vigor debatem-se com a total inexperiência nesta matéria e buscam como meta da sua análise os números que permitam conduzir à tão propalada revisão do regime.

Por outro lado, a apelidada crise do *"subprime"* acabou por ter um maior impacto no mercado dos fundos de investimento em Portugal devido, igualmente, a algum desconhecimento do regime.

Mas será a tal revisão do regime tributário, legal ou contabilístico dos fundos de investimento em Portugal verdadeiramente necessária?

Será o regime tributário dos fundos de investimento verdadeiramente interessante para qualquer investidor?

Quais as principais questões que afligem os fundos de investimento portugueses?

O que deverá o investidor saber sobre fundos de investimento para que possa efectuar um investimento consciente e consonante com os seus objectivos de investimento e capacidade financeira?

Estas são algumas, entre muitas outras, questões que se deverão colocar e ser colocadas por um investidor consciente e consciencioso.

Ora, antes de mais, não podem os autores deixar de confessar que, mais que pretender responder a questões, a realização do presente estudo, breve e despretensioso, tem por principal escopo conferir ao seu leitor um guia sobre o essencial do regime dos fundos de investimento e as principais questões da actualidade aos mesmos concernentes, transmitindo os fundamentos do regime e as suas bases; visando, assim, antes de tudo o mais, a transmissão de coordenadas conducentes ao conhecimento, para aqueles que por esta via tomam o primeiro contacto com esta temática, ou para os outros cuja experiência com a matéria impõe um conhecimento mais aprofundado, permitindo-lhes ganhar bases e meios para as desenvolver autonomamente, formular as suas próprias questões e, assim, realizar a sua própria avaliação e análise do regime vigente.

Ora, tratando-se de uma breve análise, pois a matéria em questão tem tanto de interessante como de vasta, o presente estudo tem subjacente uma escolha, passível de escrutínio, de aspectos que os autores reputam como sendo os mais relevantes ou que na sequência da exposição lhes pareceram de maior relevo, tanto ao investidor como aos profissionais do sector, permitindo assim constituir um instrumento de informação e familiarização dos investidores com a realidade dos fundos de investimento.

Pretende-se, assim, com o presente livro prestar um humilde contributo para a discussão e estudo dos Fundos de Investimento em Portugal, tema cuja imerecida desatenção e desconhecimento se pretende ajudar a combater.

Neste contexto, concordando ou discordando de algumas opiniões e escolhas formuladas pelos autores, pois isso mais não é que uma clara evidência do total sucesso desta iniciativa, oxalá o leitor possa considerá--lo útil, que o mesmo o leve a formular as suas próprias questões e, concomitantemente, lhe sirva de guia para a descoberta das respostas, pois nesse caso estará inteiramente cumprido o seu desiderato.

Lisboa, 2 de Abril de 2008

## I. TIPOLOGIA DOS FUNDOS DE INVESTIMENTO

Essencialmente estruturado com base entre dois tipos de fundos de investimento, o ordenamento jurídico português prevê várias tipologias de fundos que, antes de mais, passaremos a, sumariamente, identificar.

Assim, sem prejuízo da existência de outros tipos de Fundos de Investimento previstos em legislação especial, os Fundos de Investimento domiciliados[1] em Portugal, constituídos e a operar de acordo com a legislação portuguesa, podem assumir as seguintes tipologias:

**(i) Quanto à natureza dos seus activos:**

- Mobiliários[2]:
  - *de tesouraria*[3];
  - *do mercado monetário*[4];

---

[1] Sobre domiciliação de Fundos de Investimento vide nota 78 infra.

[2] A denominação dos Fundos de Investimento deverá conter a expressão identificativa da sua tipologia. Assim, a título exemplificativo, um Fundo de Investimento de tesouraria deverá denominar-se *"Tio Patinhas* – Fundos de Investimento Mobiliário de Tesouraria Aberto".

[3] V. artigo 4.º do Regulamento da CMVM n.º 15/2003. São OICVM abertos cuja política de investimento se orienta para activos de elevada liquidez, sendo-lhes vedado o investimento em *(i)* acções, *(ii)* obrigações convertíveis ou obrigações que confiram o direito de subscrição de acções ou de aquisição a outro título de acções, *(iii)* títulos de dívida subordinada, *(iv)* títulos de participação, *(v)* instrumentos financeiros derivados com finalidade diversa da cobertura de risco, e *(vi)* unidade de participação de OICVM cujo regulamento de gestão não proíba o investimento nos anteditos activos. Por outro lado, destaque-se que o valor global líquido não poderá estar investido em mais de 50% em depósitos a prazo.

[4] V. artigo 5.º do Regulamento da CMVM n.º 15/2003. São OICVM abertos com características similares aos OICVM de tesouraria, não lhes sendo aplicável, entre outros, o limite referente a depósitos a prazo.

- *de obrigações*[5];
- *de acções*[6];
- *mistos*[7];
- *flexíveis*[8];
- *de fundos*[9];
- *de índice*[10];
- *garantidos*[11].

- Imobiliários[12]

---

[5] V. artigo 6.º do Regulamento da CMVM n.º 15/2003. São OICVM em que 75% do valor líquido global terá, necessariamente, de se encontrar, directamente ou indirectamente, investido obrigações; encontrando-se-lhes vedado o investimento em acções ordinárias. Dentro dos OICVM de obrigações importa distinguir entre *(i)* OICVM de obrigações de taxa variável (em que 50% do seu valor líquido global se encontra investido em obrigações de taxa variável), e *(ii)* OICVM de taxa fixa (em que 50% do seu valor líquido global se encontra investido em obrigações de taxa fixa).

[6] V. artigo 7.º do Regulamento da CMVM n.º 15/2003. São OICVM em que 75% do valor líquido global terá, necessariamente, de se encontrar, directamente ou indirectamente, investido em acções.

[7] V. artigo 8.º do Regulamento n.º 15/2003. São OICVM com componente accionista e obrigacionista não passíveis de serem enquadrados nas tipologias de OICVM de acções ou de obrigações.

[8] V. artigo 9.º do Regulamento da CMVM n.º 15/2003. São OICVM flexíveis aqueles que não assumem qualquer compromisso quanto à composição do património nos respectivos documentos constitutivos. Pela sua particularidade, o boletim de subscrição terá de acompanhar o pedido de autorização, apresentado à CMVM, de OICVM deste tipo.

[9] V. artigo 10.º do Regulamento n.º 15/2003. São OICVM de Fundos ou "Fundos de Fundos", aqueles cujo valor líquido global se encontra investido, em taxa igual ou superior a 75%, em unidades de participação de outro OIC.

[10] V. artigo 11.º do Regulamento n.º 15/2003. São OICVM de índice aqueles cuja política de investimento consiste na reprodução integral ou parcial de um determinado índice de valores mobiliários. Por outro lado, importa referir que os OICVM de índice enquadram-se numa das tipologias supra identificadas (ver notas 115 a 122), consoante a natureza e composição do índice reproduzido.

[11] V. artigo 12.º do Regulamento n.º 15/2003. Os OICVM garantidos caracterizam-se por serem OICVM que têm associadas garantias de capital ou de um determinado perfil de rendimentos.

[12] Fundo especializado em valores imóveis de raiz ou em valores mobiliários de sociedades cujo objecto principal seja a transacção, mediação ou exploração imobiliária, em conformidade com o estatuído nos artigos 25.º e 25.º-A, ambos, do Decreto-Lei n.º 60/2002, de 20 de Março.

(ii) **Quanto à variabilidade de capital:**

- *abertos*[13];
- *fechados*[14];
- *mistos*[15].

(iii) **Quanto à forma de remuneração de capital:**

- *de rendimento*[16];
- *de capitalização*[17].

(iv) **Quanto ao grau de harmonização:**

- *harmonizados*[18];
- *não harmonizados*[19].

---

[13] Fundos cujas unidades de participação são em número variável, sendo as mesmas emitidas e resgatadas a todo o tempo, em conformidade com o estatuído no artigo 2.º do Decreto-Lei n.º 252/2003 e no artigo 3.º do Decreto-Lei n.º 60/2002.

[14] Fundos cujas unidades de participação são em número fixo, em conformidade com o artigo 2.º do Decreto-Lei n.º 252/2003 e no artigo 3.º Decreto-Lei n.º 60/2002, de 20 de Março.

[15] Fundos de Investimento Imobiliários em que existem duas categorias de unidades (UP's) de participação, sendo uma em número fixo e outra em número variável, nos termos do artigo 3.º do Decreto-Lei n.º 60/2002.

[16] Fundos que procedem à distribuição periódica dos rendimentos gerados aos seus participantes e, assim sendo, o valor da UP é constante ao longo do tempo.

[17] Fundos cujos rendimentos gerados não são distribuídos pelos participantes sendo, consequentemente, incorporados no valor das UP.

[18] Aqueles que se constituem e operam de acordo com legislação nacional (do Estado membro da União Europeia) que se encontre sujeita às regras definidas pela Directiva n.º 85/611/CEE, de 20 de Dezembro, também denominados Organismos de Investimento Colectivo ("OIC").

[19] Os demais Fundos não constituídos de acordo com a Directiva n.º 85/611/CEE, de 20 de Dezembro. São considerados não harmonizados, designadamente, os Fundos *i)* imobiliários, *ii)* os especiais, *iii)* Fundos sob gestão de entidades não domiciliadas na União Europeia, *iv)* de índice, *v)* garantidos, *vi)* fechados, *vii)* de tesouraria e *viii)* de fundos.

(v) **Quanto ao espaço de actuação:**

- *nacionais*[20];
- *internacionais*[21];
- *estrangeiros*[22].

## I.1. Agrupamentos de OICVM

Conforme resulta da presente epígrafe, o agrupamento de Fundos apenas é legalmente admitido quando o mesmo verse sobre Fundos de Investimento Mobiliários harmonizados.

Assim, os agrupamentos de OICVM são organismos de investimento colectivo constituídos por dois ou mais OICVM abertos identificados, cada um deles com património autónomo e política de investimento própria e diferenciada dos restantes[23].

Por outro lado, também neste caso a denominação dos agrupamentos terá de conter a expressão "agrupamento de fundos" por forma a identificar a tipologia em questão, ao passo que a denominação específica de cada um dos OICVM que constituem o agrupamento conterá a denominação do agrupamento em que se encontra integrado.

Os valores que constituem os OICVM que integram um agrupamento deverão ser confiados a um único depositário[24], não podendo os OICVM "membros" desse agrupamento adquirir unidades de participação de outros "membros"[25].

A este respeito importa salientar que os participantes de um OICVM "membro" do agrupamento poderão transferir, total ou parcialmente, a sua participação entre os diversos OICVM que integram o agrupamento,

---

[20] Fundos sob gestão de entidades domiciliadas em território nacional, com políticas de investimento direccionadas para valores transaccionados em mercados nacionais.

[21] Fundos sob gestão de entidades domiciliadas em território nacional, com políticas de investimento direccionadas para valores transaccionados em mercados internacionais.

[22] Fundos sob gestão de entidades estrangeiras, ainda que comercializados em território nacional.

[23] V. artigo 76.º do Regulamento da CMVM n.º 15/2003.

[24] V. artigo 77.º do Regulamento da CMVM n.º 15/2003.

[25] V. artigo 78.º do Regulamento da CMVM n.º 15/2003.

resgatando e concomitantemente subscrevendo as respectivas unidades de participação, mediante solicitação dirigida às respectivas entidades comercializadoras[26].

## I.2. Fundos Especiais de Investimento

São, essencialmente, caracterizados pela flexibilidade da sua política de investimento, ou seja, pelos activos que constituem o seu património, quando comparados com os demais Fundos.

A presente tipologia é constituída por Fundos Especiais de Investimento Imobiliário[27] e por Organismos Especiais de Investimento[28].

Os primeiros, além dos bens em geral que são susceptíveis de integrarem o património dos Fundos de Investimento Imobiliário, podem ainda integrar o seu activo prédios mistos ou rústicos, simples direitos de exploração sobre imóveis e instrumentos financeiros derivados[29].

Por outro lado, no que aos Organismos Especiais de Investimento diz respeito, o seu património pode ser constituído por uma carteira diversificada, podendo fazer parte da sua carteira valores mobiliários, participações em OIC, instrumentos financeiros derivados e liquidez[30].

A este respeito, cumpre ainda referir que os Fundos Especiais de Investimento poderão, também eles, terem capital fixo ou variável, *i.e.,* poderão ser fechados ou abertos.

Assim, por não se conter no âmbito do presente estudo uma análise mais pormenorizada dos Fundos Especiais de Investimento, sempre será de ter presente que o regime tributário e contabilístico dos mesmos é o aplicável aos Fundos de Investimento Imobiliário e aos OIC.

---

[26] V. artigo 80.º do Regulamento da CMVM n.º 15/2003.

[27] A constituição de funcionamento de Fundos Especiais de Investimento Imobiliário encontra-se regulada pela Secção I-A do Regulamento da CMVM n.º 8/2002 e, subsidiariamente naquilo que não for incompatível com a sua natureza, pelas demais normas do antedito Regulamento e pelo Decreto-Lei n.º 60/2002.

[28] A constituição e funcionamento de Fundos de Investimento Mobiliário é regulada pelos artigos 50.º e ss. do Regulamento da CMVM n.º 15/2003 e, subsidiariamente naquilo que não for incompatível com a sua natureza, pelas demais normas do antedito Regulamento.

[29] V. artigo 7.º-B do Regulamento da CMVM n.º 8/2002.

[30] V. artigo 51.º do Regulamento da CMVM n.º 15/2003.

## II. BREVE RESENHA HISTÓRICA

### II.1. Como tudo começou

Remontando ao ano de 1965, o aparecimento da previsão legal da figura jurídica dos Fundos de Investimento Mobiliários em Portugal decorreu da clarividente noção do legislador português de que os mesmos *"constituem valiosos instrumentos de canalização de poupanças e servem uma necessidade específica do pequeno e médio investidor, que procura rentabilidade estável para as suas economias, com um mínimo de risco, e liquidez quase garantida"*[31].

De facto, acompanhando a tendência internacional, e correspondendo à referida necessidade específica dos pequenos e médios investidores, em 1965, potenciada pelo franco crescimento económico que na altura assolava Portugal, a promulgação do Decreto-lei n.º 46 342, de 20 de Maio de 1965, veio pôr Portugal no mapa dos Fundos de Investimento, conferindo aos investidores nacionais um valoroso instrumento de poupança.

Assim, até 1976, os Fundos como o Fundo de Investimentos para o Desenvolvimento Económico e Social, criado pelo antedito diploma legal, conheceram um período de rápida difusão e crescimento.

Contudo, em 1976, fruto de inúmeras nacionalizações que visaram inúmeros títulos que integravam as carteiras dos referidos Fundos, os mesmos foram nacionalizadas, sendo os detentores dos respectivos certificados de participação indemnizados por tal desapossamento.

Corria o ano de 1985 quando, após o período de instabilidade política vivida em Portugal, em resultado daquela que ficou conhecida como a "revolução dos cravos", e caminhando a passos largos para a solidificação

---

[31] Preâmbulo do Decreto-lei n.º 46 342, de 20 de Maio de 1965.

do seu regime político e legal, foi promulgado o Decreto-lei n.º 134/85, de 2 de Maio, o qual, renovando a regulamentação dos Fundos de Investimento Mobiliários, deixou expresso o desejo do legislador que os mesmos se tornassem *"instrumentos importantes na aplicação criteriosa de capitais, sobretudo das pequenas e médias poupanças"*[32].

Com tal inovação legislativa o legislador procurou reintroduzir hábitos de aforro, aproveitando para salvaguardar a posição dos investidores por via de novos critérios de diversificação de riscos, impedir que os Fundos de Investimento fossem meros instrumentos de controlo directo ou indirecto de empresas que constituíssem a sua carteira de investimentos, mantendo, ainda assim, a configuração do regime legal anterior dos Fundos de Investimento que permanecem *"conjuntos abertos de valores mobiliários, sem personalidade jurídica e pertencentes colectivamente aos respectivos participantes, bem como o princípio da sua gestão por sociedades comerciais especializadas, assistidas na sua actividade por instituições depositárias com capacidade e credibilidade indiscutíveis"*[33].

Como veremos adiante, muitas destes elementos, caracterizadores dos Fundos de Investimento, mantêm a sua actualidade, constituindo, ainda hoje, factores norteadores para o legislador.

Posteriormente, com o Decreto-lei n.º 246/85, de 12 de Julho, veio o legislador completar a, então, nova regulamentação dos Fundos de Investimento, iniciada em relação aos Fundos de Investimento Mobiliários pelo Decreto-lei n.º 134/85, de 2 de Maio, o qual veio introduzindo no ordenamento jurídico português os Fundos de Investimento Imobiliários, seguindo muito de perto a disciplina contida neste último diploma, com especialidades ditadas pela diferente natureza dos activos que compunham os Fundos de Investimento Imobiliários, mantendo, no entanto, a natureza, de Fundos abertos.

A este respeito, importa referir que, não obstante os regimes dos Fundos de Investimento Mobiliários e Imobiliários terem grandes similitudes, foi afastado pelo legislador, no caso dos Fundos de Investimento Imobiliários a *"solução rígida de apenas admitir que os fundos fossem compostos por imóveis, tendo em conta a necessidade de, por um lado, assegurar a percentagem mínima de valores de fácil realização – garantia*

---

[32] Preâmbulo do Decreto-lei n.º 134/85, de 2 de Maio.
[33] Idem.

*de um mecanismo de reembolsos que tranquilize os participantes quanto à liquidez do fundo – e de, por outro lado, permitir que os fundos possam contribuir para a dinamização do mercado imobiliário através da detenção da maioria do capital em sociedades cujo objecto exclusivo seja a compra, venda, arrendamento ou exploração de imóveis."*[34]

Não pode deixar de ser notado o reconhecimento da importância conferida pelo legislador dos Fundos de Investimento constituírem não apenas um valioso instrumento de aforro mas também um instrumento de dinamização do mercado imobiliário, bem como do mercado de capitais.

A importância e a utilidade financeira e económica reconhecida aos Fundos de Investimento foi, desde o início, objecto de reconhecimento expresso; relevância mantida, e ampliada, até aos dias de hoje.

Em 1988, beneficiando da forte implementação dos Fundos de Investimento e consequente experiência que a prática conferiu, o legislador, *"a fim de evitar o inconveniente da dispersão legislativa"* optou por revogar integralmente o Decreto-lei n.º 134/85, de 2 de Maio, bem como o Decreto-lei n.º 246/85, de 12 de Julho, incorporando no Decreto-lei n.º 229-C/88, de 4 de Julho, a totalidade do normativo legal relativo aos Fundos de Investimento Mobiliários e Imobiliários.

Contudo, mais que combater a dispersão legislativa (objectivo meritório, infelizmente não tão valorizado na actualidade) o propósito maior do diploma legal em questão foi a criação de Fundos fechados, os quais tinham por elemento caracterizador o facto do capital a investir na aquisição de valores, mobiliários ou imobiliários, ser fixado no acto de constituição dos mesmos e, como tal, dispor de um número fixo de unidades de participação. Contrariamente aos fundos abertos que podem dispor de um número variável de unidades de participação.

Mas esta não foi a única inovação trazida pelo Decreto-lei n.º 229--C/88, de 4 de Julho, havendo outras dignas de referência, das quais se destacam (i) a possibilidade de uma sociedade gestora, quando devidamente autorizada, gerir mais de um Fundo; (ii) o alargamento da composição do respectivo património; e (iii) a maior exigência de informação a prestar ao público sobre as actividades do Fundo, aspecto que nos parece fundamental para conferir aos Fundos um maior grau de rigor e acessibilidade, sendo um objectivo cuja prossecução permanece na ordem do dia.

---

[34] Preâmbulo do Decreto-lei n.º 246/85, de 12 de Julho.

## II.2. A harmonização europeia

Concomitantemente, mais que em termos nacionais, a importância dos Fundos de Investimento foi crescendo em termos internacionais, contribuindo, cada vez mais, para a criação de um verdadeiro mercado Europeu de capitais.

Não obstante, as legislações dos Estados-membros, sensivelmente diferentes umas das outras, constituíam um obstáculo à criação de um verdadeiro mercado único Europeu de capitais, perturbando as condições de concorrência entre os Fundos de Investimento e assegurando distintos níveis de protecção aos participantes, variando consoante a legislação a que se encontrasse sujeito.

Foi neste contexto que no final do ano de 1985, ou seja, em momento anterior à publicação do Decreto-lei n.º 229-C/88, de 4 de Julho, o Conselho Europeu aprovou a Directiva n.º 85/611/CEE, de 20 de Dezembro de 1985 ("Directiva OICVM"), com o objectivo de coordenar as disposições legislativas, regulamentares e administrativas respeitantes a alguns Organismos de Investimento Colectivo em Valores Mobiliários ("OICVM").

Assim, visando aproximar, no plano comunitário, as condições de concorrência entre estes organismos e realizar uma protecção mais eficaz e uniforme dos investidores (leia-se, dos participantes) do espaço europeu, a Directiva OICVM constituiu um relevante passo rumo à livre circulação das partes sociais (leia-se das unidades de participação), dos Organismos de Investimento Colectivo no espaço europeu, criando as regras mínimas comuns dos OICVM's situados nos Estados-membros, sem descurar o papel de cada entidade supervisora, as quais, refira-se, também foram chamadas a contribuir para este esforço harmonizador.

No entanto, e antes de mais, importa desde já esclarecer que a Directiva em apreço não veio regulamentar todos os tipos de Fundos de Investimento, harmonizando apenas o regime dos Fundos de Investimento Mobiliários abertos, por serem estes que *"oferecem as suas partes sociais à venda ao público na Comunidade e que tem por único objectivo investir em valores mobiliários"*[35].

Ou seja, os Fundos de Investimento Imobiliário não foram abrangidos pelo regime integrador supra referido, não beneficiando, assim, de

---

[35] Considerandos da n.º Directiva 85/611/CEE, de 20 de Dezembro de 1985.

um regime harmonizado (ou minimamente harmonizado, se se preferir) ao nível europeu[36].

Relembre-se que, para além da regulamentação do aforro e da harmonização das suas regras no espaço comunitário, o diploma em questão constituiu um estimulo significativo à criação do mercado Europeu de capitais, sendo tal facto um dos motivos que levou a que os normativos em questão abrangessem apenas organismos com objectivo exclusivo de investimento em valores mobiliários.

Assim, desta Directa nasceu também uma nova classificação de Fundos de Investimento, a saber: os harmonizados e os não harmonizados (conforme anteriormente referido, distinção efectuada com base na aderência, ou não, às normas comuns comunitárias criadas pelo referido instrumento de direito comunitário).

Não obstante a importância da Directiva OICVM, fazendo uso da concessão de um prazo suplementar que lhe foi conferido para a aplicação da Directiva, apenas em 1994 foi a mesma objecto de transposição para ordem jurídica Portuguesa, através do Decreto-lei n.º 276/94, de 2 de Novembro, o qual respeitando a parte imperativa da Directiva faz uso da margem conferida aos Estados-membros para introduzir novas regras que, no entender do legislador, pareceram mais adequadas à realidade e tradição nacional.

O normativo de transposição regula, pois, à imagem do instrumento comunitário transposto, o regime dos Fundos de Investimento Mobiliário abertos, o qual, reformulando o regime interno até então vigente, aderiu

---

[36] A este respeito não podemos deixar de evidenciar que diversos estudos têm versado sobre a harmonização do regime legal e tributário, ao nível comunitário, dos Fundos de Investimento Imobiliário, dos quais destacamos "Proposal for a Uniform EU REIT Regime – Part 1", *in* European Taxation 1 (2006), de R. Cornelisse, D. Weber, R. Wijs and G. Blokland, bem como "Proposal for a Uniform EU REIT Regime – Part 2", *in* European Taxation 2 (2006) dos mesmos autores, cujo conteúdo não tem merecido a devida atenção por parte dos competentes órgãos comunitários e, inclusivamente, dos Estados-membros. Não obstante, destaque-se o dinamismo evidenciado pela "European Public Real Estate Association", a qual, por via de estudos comparativos por si promovidos, como o "EPRA Global REIT Survey – A comparison of the major REIT regimes in the world", tem pretendido chamar a atenção para competitividade relativa dos regimes europeus, bem como as vantagens dos diversos regimes a nível comunitário. Aliás, a este respeito, e tendo presente a crescente harmonização do regime comunitário dos serviços financeiros, estamos em crer que a harmonização do regime legal dos Fundos de Investimento Imobiliário será uma mera questão de tempo.

às regras de harmonização da Directiva e, permitiu a Portugal, e aos seus operadores, passarem a dispor de Fundos de Investimento Mobiliário abertos harmonizados.

Mas não são apenas estes cuja existência se encontra prevista no Decreto-lei n.º 276/94, de 2 de Novembro.

De facto, a par dos Fundos de Investimento Mobiliário abertos harmonizados são igualmente admitidos os Fundos de Investimento Mobiliários não harmonizados, os quais, afastando-se do padrão comunitário traduzem situações já existentes ou novos interesses do mercado tidos como relevantes.

A este respeito, uma referência para uma opção do legislador que, estamos em crer, não se tem revelado a mais correcta.

Com efeito, na transposição da Directiva OICVM optou o legislador pela não implementação em território nacional da forma societária de OICVM's[37], implementada em diversos países europeus sob a designação genérica de Sociedades de Investimento de Capital Variável[38] ("SICAV's"), este prestaram aos países onde foram previstas relevantes serviços.

Por não se conter no âmbito do presente do estudo o aprofundamento de tal tema, não podemos deixar de fazer notar que as SICAV's[39, 40]

---

[37] A este respeito importa ter presente o conceito legal de Fundos de Investimento, constante do artigo 3.º do Decreto-lei n.º 276/94, de 2 de Novembro, segundo o qual estes "constituem patrimónios autónomos," destituídos de personalidade jurídica, "pertencentes, no regime especial de comunhão regulada pelo presente diploma, a uma pluralidade de pessoas singulares ou colectivas, designadas por participantes que não respondem, em caso algum, pelas dívidas destes ou das entidades que, nos termos da lei, asseguram a sua gestão".

[38] Existem, igualmente, Sociedades de Investimento de Capital Fixo (SICAF's). Para mais informações sobre este poderá ser consultado o sítio de Internet da *Association Luxembourgeoise des Fonds d' Investissement* em http://www.alfi.lu.

[39] As SICAV's, regra geral, são constituídas com um capital social mínimo, legalmente estabelecido e que varia em função do país da sede, representado por acções de igual valor nominal, as quais podem ser expressas em diferentes moedas, em consonância com a politica de investimento de cada classe de activos (que constituem o seu património). São sociedades de subscrição pública cuja variabilidade do capital depende de simples resolução do Conselho de Administração, que a todo o momento pode deliberar que a sociedade proceda à emissão de novas acções ou proceda à criação de novas classes de activos. O processo é tão mais agilizado quanto os aumentos ou diminuições de capital não carecem de registo na entidade competente pelo registo comercial, sendo os participantes verdadeiros accionistas com direito de participação e direito de voto nas Assembleias Gerais das SICAV's.

desempenharam, e desempenham, um importante papel no desenvolvimento de alguns mercados financeiros, muito contribuindo para a sua ascensão internacional, de entre os quais salientamos o Reino Unido, a Holanda, os Estados Unidos da América, Irlanda, Grão Ducado do Luxemburgo[41], entre outros.

---

[40] As Sociedades de Investimento Mobiliário (OICVM sob a forma societária), em Portugal, revelaram-se um verdadeiro fiasco em termos de aplicabilidade prática, constituindo, salvo melhor opinião, uma verdadeira oportunidade perdida. Com efeito, ainda que consagrada no artigo 4.º do Decreto-Lei n.º 252/2003, de 17 de Outubro, a possibilidade de estruturação dos OIC sob a forma societária não logrou nunca obter a importância assumida em outras jurisdições. Reconhecido tal facto, em 2002 chegou a ser colocado em consulta pública um projecto de regulamento sobre esta matéria que não chegou a ser aprovado. Assim, até à presente data o ordenamento jurídico português tem-se debatido com um sistema de OIC's sob a forma societária perfeitamente incoerente, onde a previsão legal de constituição deste tipo de estrutura societária nunca foi regulamentado, impossibilitando-se, assim, a sua aplicação e funcionamento. Não obstante, a data do presente estudo, à CMVM voltou – e bem (!) – a submeter à consulta pública (processo de consulta pública n.º 6/2008) o regime jurídico das sociedades de investimento mobiliário e das sociedades de investimento imobiliário. Os autores saúdam vivamente a iniciativa da CMVM, a qual, estamos em crer, beneficiará não apenas os investidores mas a todo o sistema financeiro português. No que aos investidores diz respeito, estes passarão a poder dispor de mais uma opção em termos de investimento, a qual, considerados determinadas circunstâncias e objectivos, poder-lhe-á ser mais atractivo, para além de uma, tendencial, maior influência no poder de decisão que os investidores, enquanto accionistas de tais sociedades, passam a poder ter (por comparação com os fundos de investimento); ainda que, sublinhe-se, o regime de autogestão deva revestir-se dos maiores cuidados por forma a assegurar uma gestão capaz e adequada. Por outro lado, aos operadores do sistema financeiro português poderá, finalmente, ser posto um *terminus* à assimetria entre os operadores nacionais e estrangeiros. De uma forma muito sucinta, cremos ser de destacar três diferenças (que constituirão, por ventura, os seus factores mais distintivos) entre o regime actual dos fundos e aquele ora projectado para as sociedades de investimento, as quais (i) possuem personalidade jurídica, (ii) podem ter autogestão, bem como (iii) o facto de o seu património integrar o património da sociedade. Muitas mais diferenças se podem notar entre ambos os regimes, cuja análise não se contem no presente estudo, cumprindo ainda assinalar que o regime projectado estará, concerteza, votado ao insucesso caso o presente projecto não seja acompanhado pela introdução de medidas de natureza tributária adequadas, em moldes similares ao regime tributário aplicável aos fundos de investimento constituídos e a operar de acordo com a legislação nacional. Oxalá seja desta que o regime das sociedades de investimento venha, finalmente, a ser implementado em Portugal.

[41] Proeminente mercado em matéria de Fundos de Investimento, o Grão Ducado do Luxemburgo é, provavelmente, na actualidade, o país mundial onde a "indústria" dos

Foi necessário aguardar até ao ano de 1995 para que o regime nacional dos Fundos de Investimento Imobiliários fosse objecto de actualização e, consequente, reformulação, a qual foi operada tendo por modelo o regime dos Fundos de Investimento Mobiliários constituídos em Portugal, promulgado com o Decreto-lei n.º 276/94, de 2 de Novembro.

Foi assim que, no dia 17 de Novembro, "nasceu" o Decreto-lei n.º 294/95, o qual, assumindo a sua "musa inspiradora", não deixou de considerar a realidade específica dos Fundos de Investimento Imobiliários, cujos activos de diferente natureza suscitam, naturalmente, questões diversas.

Assim, à imagem do Decreto-lei n.º 276/94, de 2 de Novembro, também o Decreto-lei n.º 294/95, de 17 de Novembro, saiu em defesa dos investidores, não apenas em termos de prestação de informação aos investidores mas igualmente prevendo as operações vedadas de forma mais rigorosa, sem deixar, ainda assim, de procurar adoptar um regime mais flexível de funcionamentos dos respectivos Fundos, mediante a possibilidade de reembolso periódico das unidades de participação, que passou a ter uma base mínima anual.

### II.3. No encalço do mercado Europeu

A Directiva OICVM constituiu, indubitavelmente, um primeiro e importante passo para a criação de mercados europeus integrados e competitivos no domínio dos OICVM.

No entanto, visto como um vector estratégico para a Europa, pelo contributo significativo que podem providenciar para o provisionamento da reforma, para uma afectação da poupança aos investimentos produtivos e constituir um incentivo para um sólido governo das sociedades[42], o

---

Fundos de Investimento se afigura mais dinâmica e competitiva. Em Outubro de 2007, segundo dados da *Comission de Surveillance du Secteur Financier* e da *Association Luxembourgeoise des Fonds d' Investissement* os activos sob gestão de Fundos registados no Luxemburgo ascendiam a 64.375 biliões de Euro (*in http://www.alfi.lu/ index.php?id=54*).

[42] Livro Verde da Comissão, sobre o reforço do enquadramento que rege os fundos de investimento na UE, Bruxelas, COM (2005) 314 final, apresentado pela Comissão Europeia em 14/07/2005.

sucesso recolhido não impediu as competentes instituições de acompanharem, e bem, a dinâmica tão característica dos mercados financeiros, procurando dar resposta às constantes solicitações e desafios do sector, procurando conciliar o interesse da indústria financeira, e a sua importância para o mercado de capitais Europeu, com os legítimos interesses e expectativas dos consumidores, para os quais desde cedo foi justamente reconhecida a importância dos OIC.

A confirmá-lo está o facto de, desde então, a Directiva OICVM ter sido alterada por sete vezes[43, 44], de entre as quais, pela sua importância e profundidade, destacamos a Directiva n.º 2001/107/CE, de 21 de Janeiro de 2002, com vista a regulamentar as sociedades de gestão e os prospectos simplificados, e a Directiva n.º 2001/108/CE, de 21 de Janeiro de 2002, que visa regular os investimentos do OICVM, o que fez a primeira granjear o cognome de "Directiva das Sociedades de Gestão", enquanto a segunda ficou conhecida como a "Directiva dos Produtos de Investimento".

Assim, em 2002 a Directiva OICVM foi alterada no que diz respeito a vários aspectos fulcrais.

De facto, a Directiva dos Produtos de Investimento alargou a gama de activos em que os OICVM podiam investir, ao passo que a Directiva das Sociedades de Gestão reforçou os requisitos em matéria de fundos próprios e de organização aplicáveis às sociedades gestoras; conferindo--lhes a possibilidade de beneficiar de um passaporte no que se refere a determinados serviços e introduziu um novo documento informativo direccionado aos investidores, designado de prospecto simplificado.

Não obstante a importância de tais directivas, a verdade é que a constante mutação evolutiva do mercado dos Fundos de Investimento e a

---

[43] A saber, as sete Directivas que alteraram a versão original da Directiva OICVM foram: *(i)* a Directiva n.º 88/220/CEE, do Conselho de 22 de Março de 1988; *(ii)* a Directiva 95/26/CE do Parlamento Europeu e do Conselho de 29 de Junho de 1995; *(iii)* a Directiva n.º 2000/64/CE do Parlamento Europeu e do Conselho de 7 de Novembro de 2000; *(iv)* a Directiva n.º 2001/107/CE do Parlamento Europeu e do Conselho de 21 de Janeiro de 2002; *(v)* a Directiva n.º 2001/108/CE do Parlamento Europeu e do Conselho de 21 de Janeiro de 2002; *(vi)* a Directiva n.º 2004/39/CE do Parlamento Europeu e do Conselho de 21 de Abril de 2004; e *(vii)* a Directiva n.º 2005/1/CE do Parlamento Europeu e do Conselho de 9 de Março de 2005.

[44] A este respeito importa evidenciar que a mesma foi ainda objecto de rectificação, publicada no JO L 45, de 16/2/2005, p. 18 (2004/39/CE).

sua crescente importância[45] levou a Comissão Europeia, em Julho de 2005, a publicar o Livro Verde da Comissão[46], no qual identificou os seguintes problemas no quadro legislativo em vigor: *(i)* estrangulamentos e falhas a nível do passaporte para os produtos[47, 48] (leia-se, Fundos de Investimento); *(ii)* informação insuficiente dos investidores (infelizmente, não obstante as expectativas criadas, o prospecto simplificado ficou longe de constituir um instrumento valoroso para o esclarecido do investimento por parte dos investidores[49, 50]); *(iii)* proliferação de Fundos ineficientes

---

[45] De acordo com dados publicados pela *European Fund and Asset Management Association* – "EFAMA" (*in* "EFAMA – Quarterly Statistical Release – September 2007", disponível em http://www.efama.org/60Statistics/10Current/eurostat/statsq32007/view). os activos sob gestão de fundos harmonizados e não harmonizados dos Estados-membros ascendiam, no final do terceiro trimestre de 2007, a 8.115 biliões de Euro. Para mais informações sobre a crescente importância do mercado dos fundos de investimento veja--se a nota 54 infra.

[46] V. nota 42 supra.

[47] Ainda que, segundo o Livro Verde da Comissão, entre 2000 e 2005 tenha duplicado o recurso ao passaporte para os produtos dos OICVM; sendo que, em 2005, 16% dos OICVM constituíam verdadeiros Fundos transfronteiriços.

[48] A este respeito importa referir a cooperação e empenho evidenciado pelas diversas entidades supervisoras dos Estados-membros, através do Comité das Autoridades de Regulamentação dos Mercados Europeus de Valores Mobiliários, em eliminar as discrepâncias existentes ao nível do tempo de concessão do passaporte e critérios de exigibilidade para a referida concessão.

[49] O prospecto simplificado destinava-se a fornecer aos investidores e intermediários informações básicas sobre os riscos possíveis e encargos associados a um determinado produto e sobre a *performance* esperada para os mesmos. Contudo, neste caso, a teoria ficou longe de se verificar na prática. De facto, na larga maioria dos casos o documento é demasiado longo e tecnicista, encontrando-se a sua compreensão inacessível à maioria daqueles que são os seus destinatários, o investidor médio sem especiais conhecimentos nos mercados financeiros. Estamos em crer que a reformulação do prospecto simplificado, também na ordem do dia, no sentido de lhe conferir igual regulamentação e alcance nos diferentes Estados-membros é essencial para o que se alcancem os objectivos de verdadeiro esclarecimento dos investidores. Aliás, não temos conhecimento de nenhum estudo estatístico referente à percentagem de investidores que consideraram relevante para a realização do seu investimento a consulta de prospectos simplificados, estando mesmo em crer que se tal estudo houvesse revelaria que a esmagadora maioria dos investidores nunca leu, tão pouco, um prospecto simplificado. A este respeito, relativamente a Portugal, não podemos deixar de referir que os investidores poderão encontrar algum conforto nas obrigações cominadas na lei para as instituições comercializadoras de Fundos de Investimento em sede de consultoria para o investimento, sendo nossa opinião que também aqui os intermediários têm beneficiado de um claro défice de informação em prejuízo dos

de reduzida dimensão[51] (não se encontram criados os mecanismos necessários ao fomento de agrupamento de Fundos ou à gestão conjunta de activos[52]); e *(v)* existência de obstáculos a especialização funcional e geográfica (a Directiva OICVM exige a concentração de todas as actividades da cadeia de valor num Estado-membro, encontrando-se por efectivar o passaporte das sociedades de gestão).

Ainda assim, na conclusão do Livro Verde da Comissão era referido que apesar de haver uma *"percepção generalizada de que o modelo dos OICVM implica certas oportunidades perdidas e poderia ser melhorado (...) não há razões convincentes que justificam uma profunda reformulação legislativa na fase actual"* preferindo-se, então, *"esgotar as possibilidades propiciadas pelo actual enquadramento legislativo"*.

Em 2006, analisado novamente o sector, a Comissão Europeia publicou o Livro Branco[53], no qual, face ao contínuo crescimento dos fundos de investimento e da sua importância[54], aquela Comissão expôs os

---

direitos dos investidores; sendo frequente o aconselhamento é a realização de investimentos em Fundos sem que o investidor esteja sequer familiarizado com o que os mesmos consubstanciam; sendo este ponto, concerteza, merecedor de atenção especial que extravasa o âmbito do presente estudo.

[50] No âmbito do prospecto simplificado veja-se a Recomendação 2004/384/CE da Comissão, de 27 de Abril de 2004, relativa a alguns elementos do conteúdo do prospecto simplificado previsto no Esquema C do Anexo I da Directiva 85/611/CE do Conselho.

[51] Segundo o Livro Verde da Comissão, em 2005 estimava-se que os Fundos europeus fossem, em média, cinco vezes mais pequenos que os congéneres norte-americanos. Ora, estamos em crer que tal facto constitui, sem dúvida, uma desvantagem competitiva significativa, num sector marcado pelas economias de escala, por forma a melhorar os índices de remunerações líquidas para os investidores finais.

[52] Ainda que, no caso do agrupamento virtual de fundos, em que se recorre a tecnologias de informação para reunir activos de fundos participantes como se se tratasse de um agrupamento, mas sem que constitua uma entidade jurídica, suscita-nos grande renitência a solidez dos sistemas de informação, a transparência da execução dos contratos e o operacionalidade dos controlos de gestão, pelo que estamos em crer que tal opção não se configura, ainda, como uma verdadeira solução.

[53] Livro Branco da Comissão, sobre o reforço do enquadramento que rege os Fundos de Investimento no mercado único, Bruxelas, COM (2006) 686 final, apresentado pela Comissão Europeia em 15/11/2006.

[54] Segundo o *Fact Book 2006* publicado pela EFAMA, em 2006 os fundos de investimento já representavam 12,6% dos activos financeiros das famílias europeias, prevendo a Comissão Europeia, no seu Livro Branco, que até 2010 as taxas de crescimento anuais dos Fundos de Investimento se cifrem nos 10%, fazendo com que, nessa data, o total de activos geridos por Fundos exceda os 8 biliões de Euro.

seus pontos de vista quanto à simplificação do ambiente legislativo europeu e, concomitantemente, proporcionando soluções de investimento atraentes e seguras aos investidores.

No Livro em questão previam-se medidas com vista a *(i)* reforçar as liberdades do mercado único, permitindo assim ao sector dos Fundos de Investimento servir mais eficientemente os investidores europeus e mundiais; *(ii)* assegurar que os investidores possam tomar decisões de investimento esclarecidas e contar com a assistência especializada e objectiva de intermediários qualificados; *(iii)* avaliar se deveria ser criado um enquadramento relativo ao mercado único para permitir a venda transfronteiriça de certos tipos de fundos não harmonizados a pequenos investidores e de que forma tal poderá ser eficazmente feito; e *(iv)* dar início aos trabalhos sobre um regime europeu de "investimento privado" para facilitar a venda de Fundos e instrumentos financeiros não harmonizados a investidores institucionais e sofisticados noutros Estados-membros.

Quanto ao segundo ponto, no que concerne a investidores informados e esclarecidos, não podemos deixar de evidenciar o importante papel que nos parece estar destinado, também em matéria de fundos de investimento, a Directiva n.º 2004/39/CE, de 21 de Abril de 2004, relativa aos mercados de instrumentos financeiros[55], comummente designada por DMIF.

Ademais, e sendo evidente o enfoque atribuído à constituição de um verdadeiro mercado único europeu, fomentado, também, pela simplificação pretendida das fusões de Fundos a nível transfronteiriço, não pode deixar de ser notada as exigências que tal coloca aos diversos organismos reguladores de cada Estado-membro.

---

[55] A respeito da DMIF importa referir que a transposição da mesma para o ordenamento jurídico nacional previu no respectivo regime a responsabilização das sociedades de investimento pela verificação da adequabilidade de um investimento ao seu investidor específico. Aliás, se dúvidas haviam quanto ao impacto da Directiva em questão em sede de fundos de investimento (não podemos deixar de realçar a visão proteccionista dos investidores evidenciada pela Comissão de Mercado de Valores Mobiliários ("CMVM") em sede de transposição da DMIF, a qual optará, aparentemente por estender a sua aplicação a praticamente todos os instrumentos financeiros), as mesmas foram muito recentemente dissipadas pela consulta pública n.º 8/2007, promovida pela referida Comissão, cujo objecto versa, precisamente, a regulamentação relativa a OIC e a Fundos de Investimento Imobiliário, com vista a promover as alterações consentâneas com a DMIF aos Regulamentos da CMVM n.º 8/2002 (Fundos de Investimento Imobiliário) e n.º 15/ /2003 (organismos de investimento colectivo, ou Fundos de Investimento Mobiliário, se se preferir).

De facto, não podem ser desconsiderados os enormes desafios com que se deparam as entidade de supervisão, não apenas ao nível de cooperação[56] mas igualmente ao nível de "harmonização" de prazos para concessão de passaportes e da supervisão de agrupamento de activos[57], factores ditados pela forte necessidade de redimensionamento[58] dos Fundos de Investimento europeus, para que estes possam ser competitivos face aos seus concorrentes mundiais[59, 60], nomeadamente os Fundos norte americanos.

A este respeito, espera-se que o legislador comunitário aproveite o ensejo da Directiva dos Mercados de Instrumentos Financeiros[61] ("DMIF"),

---

[56] E aqui, conforme supra referido, estamos em crer que o Comité das Autoridades de Regulamentação dos Mercados Europeus de Valores Mobiliários poderá ter um efeito potenciador no alcance dos tão esperados e necessários entendimentos.

[57] O agrupamento de activos dos Fundos ou agrupamento de fundos (*fund pooling*), espelhando a importância da dimensão na área da gestão de activos, refere-se à reunião de activos de diversos fundos de investimento num agrupamento único com vista à sua gestão conjunta, o que proporciona vantagens em termos de escala e liquidez, bem como outros benefícios comerciais. Tais agrupamentos podem consubstanciar uma entidade jurídica diferente. As estruturas *master-feeder's* são uma forma de agrupamento numa entidade na qual os Fundos de origem (*feeder funds*) transferem todos os seus activos recebidos para um Fundo global (*master fund*). O agrupamento virtual utiliza as tecnologias de informação para reunir os activos de fundos participantes como se se tratasse de um agrupamento subjacente, mas sem que esse agrupamento constitua uma entidade jurídica. Sobre as dificuldades suscitadas a tais sistemas de informação veja-se a nota 52 supra.

[58] Começa já a ser comum a indicação da dimensão da carteira de activos sob gestão nos materiais publicitários dos fundos, inculcando-se cada vez mais no espírito no investidor médio a verdadeira ideia que, nos Fundos, a escala tem consequências ao nível da rentabilidade líquida.

[59] Em 2006, no seu Livro Branco, a Comissão Europeia considerava que muitos dos Fundos harmonizados europeus se encontravam subdimensionados, sendo que 54% de tais fundos gerem carteiras de activos inferiores a 50 milhões de Euro. A respeito da dimensão dos Fundos europeus veja-se a nota 52 supra.

[60] A este respeito não podemos deixar de evidenciar que estamos em crer que a ínfima frequência verificada nas fusões de Fundos a nível transfronteiriço, na Europa, não é alheia às dificuldades suscitadas ao nível das discrepâncias verificadas no direito que lhes é aplicável e dos diversos regime fiscais a que se encontram sujeitos, por ventura este o ponto mais difícil de harmonização e cuja importância não poderá ser escamoteada.

[61] Directiva n.º 2004/39/CE, do Parlamento Europeu e do Conselho, de 21 de Abril, transposta para o ordenamento jurídico português pelo Decreto-Lei n.º 357-A/2007, de 31 de Outubro.

a qual, nesta sede, procura tornar mais eficaz o regime do "passaporte europeu" das empresas de investimento, agilizando, assim, a actividade transfronteiriça das instituições europeias[62].

## II.4. E Portugal?

O subtítulo, propositadamente em tom interrogativo, reflecte, por ventura, a questão que neste momento se coloca no espírito do estimado leitor, referente à indagação de como Portugal tem acompanhado toda esta dinâmica inovadora, não apenas no mercado mas na própria regulação europeia.

Pois bem, descrita tal dinâmica, ainda que muito sumariamente, o início da regulamentação dos Fundos de Investimento em Portugal e o seu desenvolvimento económico e normativo ao nível europeu, do qual já se aflorou algum do impacto em terras lusas, cumpre aferir em que ponto nos encontramos na actualidade (ainda que já hajam sido feitas referências indicativas da opinião dos autores sobre um ou outro aspecto ao longo da exposição).

Chegados que estamos a este ponto, e fazendo, antes de mais, a ressalva ser entendimento dos autores que, na actualidade, a moldura legal e tributária da indústria dos Fundos em Portugal tem condições para estimular o seu crescimento, habilitando-a de condições competitivas que importa "apurar" e não retirar[63], cumpre ter presente que o desafio que

---

[62] Ainda que não se encontre no fito do presente estudo o aprofundamento do regime legal decorrente da DMIF, destaca-se o seu contributo para um verdadeiro mercado financeiro europeu integrado por via (i) da eliminação do direito do Estado de acolhimento condicionar o exercício da actividade ao cumprimento por razões de interesse geral de normas internas, (ii) da inclusão das notificações de informação sobre o recurso a agentes vinculados (iii) e do facto das empresas de investimento deixarem de se relacionar, para efeitos de notificação e respectivas alterações, com a autoridade competente do Estado de acolhimento.

[63] Conforme referido na nota dos autores, verifica-se cada vez mais que a falta de conhecimento de algumas entidades administrativas pela realidade dos Fundos e das potencialidade conferidas pela lei actual, nomeadamente a fiscal, que ao invés de procurarem a especialização ou conhecimento nesta área procuram encontrar argumentos que materializem a sua desconfiança, por forma a produzir alterações em sentido cuja utilidade, tanto para os Fundos como para os investidores, poderá revelar-se perversa.

se coloca ao legislador português é garantir que o enquadramento regulamentar nacional mantenha ou aumente a sua eficácia face à evolução e dinamismo do mercado, não apenas nacional como também internacional, tendo presente as necessidades de aforro e de informação dos investidores.

Conforme supra referido, em 2002, a Directiva OICVM viu o seu regime rejuvenescido, se assim lhe podemos chamar, pela "Directiva das Sociedades de Gestão" e pela "Directiva dos Produtos de Investimento".

Ciente da validade das alterações produzidas, bem como da imposição da lei comunitária nesta matéria, o legislador nacional não demorou muito tempo para efectuar a transposição de tais normativos comunitários para o ordenamento jurídico nacional, cuja análise, com um pouco mais de detalhe, do regime actualmente em vigor em matéria de Fundos de Investimento Mobiliários e Imobiliários, em território nacional, se propõe seguidamente efectuar, procurando, sempre que se entenda conveniente, identificar as questões mais relevantes suscitadas por tais normativos.

Por outro lado, na senda da DMIF[64], entendeu – e bem – a CMVM emitir o Regulamento n.º 7/2007[65], referente a Fundos de Investimento Imobiliário e OIC, no qual, assumindo que a DMIF não é genericamente aplicável aos OIC e aos Fundos de Investimento Imobiliário, nem tão pouco às respectivas entidades gestoras e depositárias, se reconhece a influência do novo quadro regulatório trazido pela DMIF e o seu impacto nos regimes dos Fundos.

Neste contexto, o Regulamento da CMVM n.º 7/2007, vem, essencialmente, reflectir no regime dos Fundos o dever legal, implementado pela DMIF, do intermediário conhecer o seu cliente, ou cliente potencial, e adequar o investimento que propõe às características pessoais dos mesmos.

A este respeito importa, ainda, referir a preocupação demonstrada pelo regulador em desburocratizar algumas formalidades administrativas de questionável valor acrescentado, dos quais destacamos a não sujeição

---

[64] V. nota 62 supra.
[65] O Regulamento da CMVM n.º 7/2007 veio alterar o Regulamento da CMVM n.º 15/2003 (referente a Fundos de Investimento Mobiliário) e, bem assim, o Regulamento n.º 8/2002 (relativo a Fundos de Investimento Imobiliário), tendo inclusivamente republicado este último.

a autorização prudencial da fusão de Fundos de Investimento Imobiliários Fechados de subscrição particular, sujeita a comunicação prévia[66].

Contudo, ainda em sede de Fundos de Investimento Imobiliário, ainda que louvando a atitude "desburocratizadora" do regulador do mercado de valores mobiliários[67], não podemos deixar de evidenciar alguma renitência quanto à substituição do registo dos peritos avaliadores de imóveis por uma mera comunicação prévia à CMVM[68].

De facto, ainda na ressaca da crise no mercado de Fundos de Investimento dos Estados Unidos da América e, bem assim do respectivo impacto nos mercados mundiais, bem como nas desconfianças que isso gerou ao nível dos investidores, a implementação de tal medida nesta altura poderá afigurar-se contrapruducente, por ser a mesma susceptível de ser interpretada pelos investidores erroneamente, incutindo a ideia de um menor índice de exigência relativamente para com aqueles cujas funções têm, muitas vezes, uma fulcral importância na valorização das unidades de participação dos Fundos de Investimento Imobiliário, com todos os consequências que tal poderá acarretar.

---

[66] De acordo com a redacção atribuída, pelo Regulamento da CMVM n.º 7/2007, ao n.º 5 do artigo 33.º do Regulamento da CMVM n.º 8/2002.

[67] Por entendermos que, conforme já referimos, as formalidades administrativas em causa não constituíam nem mais valia para o mercado nem tão pouco para o regulador.

[68] De acordo com a redacção atribuída, pelo Regulamento da CMVM n.º 7/2007, ao n.º 9 do artigo 19.º do Regulamento da CMVM n.º 8/2002.

## III. ORGANISMOS DE INVESTIMENTO COLECTIVO DE VALORES MOBILIÁRIOS

Conforme anteriormente exposto, a regulamentação de fundos de investimento mobiliário em Portugal tem conhecido um progresso significativo, estimulado não apenas pelo próprio mercado interno, aforrador e de capitais, mas igualmente por "contágio" da dinâmica comunitária.

Assim, pouco após a alteração da Directiva OICVM pela "Directiva das Sociedades de Gestão" e pela "Directiva dos Produtos de Investimento", em 2003 o legislador português transpôs tais alterações para o ordenamento jurídico nacional por via do Decreto-lei n.º 252/2003, de 17 de Outubro, versando especialmente as matérias previstas nas Directivas europeias em causa, conforme supra referido.

O antedito regime nacional veio a ser regulamentado no Regulamento da CMVM n.º 15/2003, de cujo regime se destaca, em matéria de informação a prestar aos investidores, a previsão dos prospectos passarem a incluir informação sobre a taxa global de custos do OIC, permitindo identificar, de modo simples, a totalidade de custos associados a cada OIC e, consequente, suportados pelos participantes (leia-se, pelos investidores detentores de unidades de participação do Fundo).

Outro aspecto igualmente merecedor de destaque refere-se à flexibilidade conferida à fusão de OIC, bem como à revisão que foi efectuada das regras relativas à utilização de instrumentos financeiros derivados, a qual seguiu os princípios que emanam das directivas europeias, permitindo uma maior amplitude na utilização deste tipo de instrumento, medida esta devidamente contra balanceada pelo reforço dos mecanismos de controlo e gestão de risco por parte das entidades gestoras.

Contudo o Regulamento da CMVM n.º 15/2003 não se limitou a regulamentar o que no Decreto-lei n.º 252/2003, de 17 de Outubro, carecia de regulamentação, contendo importantes inovações.

De facto, não podemos deixar de destacar o que, estamos em crer, se revelará como um precioso contributo para a competitividade da indústria nacional dos fundos de investimento no cenário internacional. O estabelecimento do enquadramento necessário à constituição e funcionamento de um novo tipo de Fundos de Investimento Mobiliário, a saber: os Fundos Especiais de Investimento, os quais têm como principais elementos característicos permitirem a combinação diferenciada das diversas regras, técnicas e limites aplicáveis aos Fundos de Investimento Mobiliário e também de maior liberdade na definição e prossecução das suas políticas de investimento em valores mobiliários, instrumentos financeiros derivados e líquidez, prevendo-se igualmente a possibilidade de investimento em activos diferentes destes, contanto que se encontrem reunidos determinados requisitos; é, salvo melhor opinião, um valoroso contributo para os aforradores e para a competitividade do mercado de Fundos de Investimento nacional[69, 70].

---

[69] Ainda que com diversas especificidades, não podemos deixar de referir, algo simplisticamente, que os fundos especiais mobiliários e imobiliários, com a flexibilidade legal conferida aos activos que compõem a sua carteira e respectivos limites (por ventura um dos seus elementos mais caracterizadores), são regulados por diversas normas comuns aos Fundos de Investimento Imobiliário e OIC, dos quais "herdam" o regime tributário e contabilístico, conforme adiante referido.

[70] Iniciado com o lançamento do primeiro Fundo Especial de Investimento em Portugal pela Banif Gestão de Activos – Sociedade Gestora de Fundos de Investimento Mobiliários, S.A., o mercado dos Fundos Especiais de Investimentos em Portugal tem tido um crescimento seguro e significativo, contribuindo positivamente para a competitividade da indústria nacional dos Fundos de Investimento, a qual, longe da dimensão de outros mercados europeus, se procura distinguir por produtos alternativos e inovadores. Contudo, a este respeito, não podemos deixar de evidenciar as renitências suscitadas pela transposição da DMIF (v. notas 62 e 63 supra), na qual a CMVM propugna a categorização de unidades de participação em FEI's como instrumentos financeiros complexos, não admitindo excepções. Ora, tal opção por parte da entidade prudencial causa estranheza, porquanto trata de forma igual realidades distintas. Com efeito, estamos em crer que se é verdade que existem Fundos Especiais de Investimento aos quais a classificação de instrumentos financeiros complexos se aceita, não é menos verdade que casos há em que tal classificação é manifestamente despropositada e iníqua. Assim, estamos em crer que o maturar do regime recentemente transposto pelo Decreto-Lei n.º 357-A/2007, de 31 de Outubro de 2007, levará a entidade supervisora a corrigir, também ela, eventuais erros que a mesma contenha ou mesmo suprir eventuais lacunas estruturais que lhe permitam analisar, caso a caso, da eventual complexidade de um Fundo Especial de Investimento, por forma a evitar uma regressão injustificada na competitividade do nosso mercado de Fundos de Investimento. Aliás, não podemos deixar de fazer notar que igual caminho de sucesso está a ser trilhado em diversas jurisdições europeias, como a do Grão Ducado do Luxemburgo onde os *"Specialized Investment Funds"* têm conhecido

Posteriormente, quase dois anos após a entrada em vigor do Regulamento da CMVM n.º 15/2003, foi emitido o Regulamento da CMVM n.º 9/2005 cujo objectivo passou, essencialmente, pela introdução de alterações no sentido de melhor adaptar o regime regulamentar dos fundos especiais de investimento à respectiva oferta e procura destes fundos de investimento, nomeadamente no que se refere à informação a prestar aos investidores, à fixação dos montantes mínimos de subscrição e à definição da política de investimento e avaliação dos activos.

Por outro lado, conforme anteriormente referido, recentemente, no ensejo da DMIF, foi publicado o Regulamento da CMVM n.º 7/2007, o qual, conferindo maior protecção aos investidores e onerando as entidades comercializadoras com a incumbência de conhecer o investidor e adequar o investimento ao mesmo[71], confere maior protecção aos investidores[72], bem como a adequação do regime dos OIC ao novo quadro normativo introduzido pela DMIF.

Vejamos, então, a súmula dos aspectos reputados como os mais relevantes do regime actualmente vigente em Portugal[73].

---

uma notável profusão, importando, pois, acautelar a capacidade competitiva da indústria nacional.

[71] Estabelecendo a incumbência de, à semelhança do regime instituído pela DMIF, a entidade comercializadora advertir o investidor sempre que o investimento num determinado OIC não seja, na sua opinião, adequado ou, alternativamente, sempre que não lhe seja possível efectuar tal juízo; excepto no caso dos OICVM harmonizados, os quais, em face da complexidade atribuída pelo Decreto-Lei n.º 357-A/2007, de 31 de Outubro, em que a entidade comercializadora se encontra liberto de tal ónus.

[72] De entre as novas medidas destacamos (i) a necessidade do boletim de subscrição conter menção expressa sobre o risco inerente ao OIC em causa (de acordo com a redacção atribuída, pelo Regulamento da CMVM n.º 7/2007, ao n.º 3 do artigo 55.º do Regulamento da CMVM n.º 15/2003), (ii) a necessidade de divulgação do risco sempre que sejam divulgadas medidas de rendibilidade (de acordo com a redacção atribuída, pelo Regulamento da CMVM n.º 7/2007, ao n.º 4 do artigo 87.º do Regulamento da CMVM n.º 15/2003) e, bem assim, (iii) a exigência da actualidade das medidas de rendibilidade divulgadas (de acordo com a redacção atribuída, pelo Regulamento da CMVM n.º 7/2007, ao n.º 6 do artigo 89.º do Regulamento da CMVM n.º 15/2003).

[73] Em conformidade com o exposto na nota dos autores, o presente estudo visa constituir um guia ao invés de uma enumeração exaustiva, pelo que optaram os autores referir o essencial, identificando as normas legais subjacentes, que permita ao leitor explorar e aprofundar os assuntos.

### III.1. Entidades Gestoras

Os OIC podem ter como entidades gestoras[74]:
➢ As sociedades gestoras de fundos de investimento mobiliário;

ou, no caso de organismos de investimento colectivo de valores mobiliários fechados:
➢ Os bancos, as caixas económicas, a caixa central de crédito agrícola mútuo e as caixas de credito agrícola mútuo, as instituições financeiras de crédito e as sociedades de investimento[75], contanto que, em qualquer caso, disponham de fundos próprios iguais ou superiores a 7,5 milhões de Euro[76].

Às entidades gestoras compete, designadamente[77]:
➢ Praticar os actos e operações necessários à boa concretização da política de investimento;
➢ Administrar os activos do OIC;
➢ Comercializar as unidades de participação dos OIC sob sua gestão[78].

---

[74] V. artigo 29.º do Decreto-lei n.º 252/2003, de 17 de Outubro.

[75] Todas as sociedades referidas na alínea em questão encontram-se abrangidas por regimes especiais de constituição, encontrando-se, enquanto instituições de crédito, sujeitas à supervisão do Banco de Portugal.

[76] Note-se que, conforme estatuído no artigo 32.º do Decreto-lei n.º 252/2003, de 17 de Outubro, os fundos próprios das sociedades gestoras de fundos de investimento mobiliários não podem ser inferiores a 0,5% do activo líquido das carteiras sob gestão (caso estas sejam iguais ou inferiores a 75 milhões de Euro, e 0,1% no excedente). De referir que, ao longo da evolução legislativa verificada ao nível da legislação dos Fundos de Investimento, a exigência do legislador perante os fundos próprios (traduzidos na soma do capital social, reservas e resultados transitados) das sociedades gestoras tem decrescido, permitindo às sociedades gestoras aumentar o valor dos fundos sob gestão com menor esforço ao nível dos seus capitais próprios, o que se traduz numa vantagem competitiva das sociedades gestoras portuguesas, mas não deixa de ser um elemento de menor protecção do investidor em caso de (ir)responsabilidade daquelas.

[77] V. artigo 31.º do Decreto-lei n.º 252/2003, de 17 de Outubro.

[78] Às entidades gestoras é igualmente permitido comercializar em Portugal unidades de participação de OIC geridos por outrem, quer seja domiciliado ou não em Portugal. A este respeito cumpre referir que, nos termos do artigo 6.º do Decreto-lei n.º 252/2003, de 17 de Outubro, os OIC consideram-se domiciliados no Estado em que se situe a sede e a administração efectiva da respectiva entidade gestora.

Por outro lado, é legalmente vedado às entidades gestoras[79]:
➤ Realizar por conta dos OICVM sob sua gestão operações susceptíveis de gerar conflitos de interesses, consigo ou com entidades relacionadas;
➤ Onerar, por qualquer forma, os valores dos OICVM[80];
➤ Conceder crédito ou prestar garantias por conta dos OICVM;
➤ Efectuar, por conta dos OICVM, vendas a descoberto de certos activos[81];
➤ Adquirir para o OICVM quaisquer activos objecto de garantias reais, penhora ou procedimentos cautelares.

A gestão de OICVM é, naturalmente, uma actividade remunerada, sendo-o através de uma comissão de gestão[82, 83, 84], em conformidade com os documentos constitutivos[85] do respectivo.

Contudo, poderão ainda constituir receitas das entidades gestoras, enquanto tais, as comissões de subscrição, resgate ou transferência de unidades de participação dos OIC por si geridos, ou outra remuneração, todas, na medida da previsão dos documentos constitutivos e nos termos previstos no respectivo Regulamento[86].

---

[79] V. artigo 60.º do Decreto-lei n.º 252/2003, de 17 de Outubro.
[80] Excepto para a realização de operações de endividamento dos OICVM com a duração máxima de 10 anos e com o limite de 10% do valor liquido global do OICVM em causa (artigo 48.º do Decreto-lei n.º 252/2003, de 17 de Outubro), bem como utilização de técnicas e instrumentos adequados à gestão eficaz dos activos do OICVM, contanto que os riscos sejam devidamente acautelados (artigo 46.º do Decreto-lei n.º 252//2003, de 17 de Outubro).
[81] Todos os activos constantes do n.º 1 do artigo 45.º do Decreto-lei n.º 252/2003, de 17 de Outubro, excepto os previstos na alínea d).
[82] V. artigo 30.º do Decreto-lei n.º 252/2003, de 17 de Outubro.
[83] Cuja regulamentação se encontra prevista nos artigos 35.º e ss do Regulamento da CMVM n.º 15/2003, com a redacção conferida pelo Regulamento da CMVM n.º 7//2007, e deverá constar do prospecto do respectivo fundo, em conformidade com o antedito.
[84] Adiante versaremos sobre a problemática da tributação das comissões de gestão, nomeadamente em sede de IVA.
[85] Que são: (i) o prospecto simplificado, (ii) o prospecto completo e o (iii) regulamento de gestão, conforme previsto no artigo 61.º do Decreto-lei n.º 252/2003, de 17 de Outubro.
[86] Regulamento da CMVM n.º 15/2003, com as alterações introduzidas pelo Regulamento da CMVM n.º 9/2005.

Por último, importa ainda referir que à entidade gestora é legalmente permitido subcontratar as funções de gestão de investimento e de administração, contanto que o faça em conformidade com o estreito regime legal e regulamentar vigente[87].

### III.2. Entidade depositária

Os activos que constituem a carteira do OIC deverão ser confiados a um único depositário[88].

Apenas poderão ser entidades depositárias os bancos, as caixas económicas, a caixa central de crédito agrícola mútuo e as caixas de crédito agrícola mútuo, as instituições financeiras de crédito e as sociedades de investimento, contanto que, em qualquer caso, disponham de fundos próprios iguais ou superiores a 7,5 milhões de Euro e tenham sede em Portugal ou num outro Estado-membro da União Europeia e sucursal em Portugal[89].

As relações entre a entidade gestora e o depositário rege-se por contrato escrito, sujeito a aprovação da CMVM, de quem se encontra dependente a substituição do depositário.

Por outro lado, importa notar que a sociedade gestora não poderá desempenhar funções de depositário dos OICVM que se encontrem sob sua gestão.

Ao depositário compete[90, 91]:

➢ Agir de modo independente e no exclusivo interesse dos participantes;
➢ Cumprir a lei, os regulamentos, os documentos constitutivos dos OIC e os contratos celebrados no âmbito dos OIC;
➢ Guardar os activos dos OIC;
➢ Receber em depósito ou inscrever no registo os activos do OIC;

---

[87] V. artigo 35.º, e ss, do Decreto-lei n.º 252/2003, de 17 de Outubro.
[88] V. artigo 38.º do Decreto-lei n.º 252/2003, de 17 de Outubro.
[89] Previsão de elementar sentido face ao previsto no artigo 6.º do Decreto-lei n.º 252/2003, de 17 de Outubro, conforme anteriormente referido.
[90] V. artigo 40.º do Decreto-lei n.º 252/2003, de 17 de Outubro.
[91] Cumpre, igualmente, ter presente que o artigo 32.º do Regulamento da CMVM n.º 15/2003 estabelece para o depositário a obrigação de verificação da adequação e do conteúdo contratual referentes às técnicas e instrumentos de gestão.

➢ Efectuar todas as aquisições, alienações ou exercício de direitos relacionados com os activos do OIC de que a entidade gestora o incumba, salvo se forem contrários à lei, aos regulamentos ou aos documentos constitutivos;
➢ Assegurar que nas operações relativas aos activos que integram o OIC a contrapartida lhe seja entregue nos prazos conformes à prática do mercado;
➢ Verificar a conformidade da situação e de todas as operações sobre os activos do OIC com a lei, os regulamentos e os documentos constitutivos;
➢ Pagar aos participantes os rendimentos das unidades de participação e o valor do resgate, reembolso ou produto da liquidação;
➢ Elaborar e manter actualizada a relação cronológica de todas as operações realizadas para os OIC;
➢ Elaborar mensalmente o inventário discriminativo dos valores à sua guarda e dos passivos dos OIC;
➢ Fiscalizar e garantir perante os participantes o cumprimento da lei, dos regulamentos e dos documentos constitutivos dos OIC[92].

A actividade de depositário é remunerada através de uma comissão de depósito[93].

---

[92] A este respeito, e de acordo com o n.º 4 do artigo 29.º do Decreto-lei n.º 252/ /2003, de 17 de Outubro, importa ter presente que o depositário responde solidariamente, perante os participantes, pelo cumprimento dos deveres legais e regulamentares aplicáveis às obrigações decorrentes dos documentos constitutivos dos OIC. Mais, o depositário, assim como a entidade gestora, indemnizará os participantes pelos prejuízos por estes sofridos em face de situações que lhe sejam imputáveis, em conformidade com o n.º 5 da antedita norma legal.

[93] A qual deverá constar do prospecto do Fundo, conforme previsto no Regulamento da CMVM n.º 15/2003. A este respeito, gostaríamos de relembrar que os encargos do Fundo deverão encontrar-se claramente definidos nos documentos constitutivos dos Fundos, permitindo ao investidor conhecer a totalidade dos encargos do Fundo em que realizará ou realizou o seu investimento.

### III.3. Entidade comercializadora

A entidade comercializadora tem por função proceder à colocação das unidades de participação[94], podendo ser entidades comercializadoras: (i) as entidades gestoras, (ii) os depositários, (iii) os intermediários financeiros registados ou autorizados junto da CMVM para o exercício das actividades de colocação em ofertas públicas de distribuição ou de recepção e transmissão de ordens por conta de outrem, bem como (iv) outras entidades previstas em regulamento[95].

Importa sublinhar que a entidade comercializadora deverá facultar ao investidor a informação que lhes haja sido remetida pela entidade gestora[96], a qual deverá incluir necessariamente o prospecto simplificado[97, 98].

Aliás, convém ter presente que tal representa um direito e um benefício de que os investidores, potenciais ou efectivos, não deverão prescindir, pois a mesma poder-se-á revelar um precioso instrumento de informação, possibilitando a realização de investimento esclarecido e consciente[99, 100].

---

[94] V. artigo 41.º do Decreto-lei n.º 252/2003, de 17 de Outubro.
[95] V. artigo 70.º do Regulamento da CMVM n.º 15/2003.
[96] V. artigo 42.º do Decreto-lei n.º 252/2003, de 17 de Outubro.
[97] Em conformidade com o artigo 63.º do Decreto-lei n.º 252/2003, de 17 de Outubro. Ademais, o prospecto completo, que integra o regulamento de gestão (cujo conteúdo se encontra previsto no artigo 65.º do Decreto-lei n.º 252/2003, de 17 de Outubro), deverá ser disponibilizado ao investidor que o solicite, sem qualquer encargo. O conteúdo do prospecto completo encontra-se previsto no artigo 64.º e anexo II do Decreto-lei n.º 252/ /2003, de 17 de Outubro, e artigo 65.º e anexo 8 do Regulamento da CMVM n.º 15/2003.

[98] Sobre o conteúdo do prospecto simplificado, leia-se a informação que este deverá conter, veja-se o artigo 67.º e anexo 9 do Regulamento da CMVM n.º 15/2003 e, bem assim, o artigo 63.º e o anexo I do Decretolei n.º 252/2003, de 17 de Outubro.

[99] O investidor deverá, ainda, procurar obter todos os esclarecimentos adicionais junto da entidade comercializadora, tendo presente que as entidades comercializadoras deverão observar escrupulosamente os seus deveres de informação e esclarecimento em matéria de consultoria de investimento, nos termos previstos do código de valores mobiliários. V. a nota 55 supra.

[100] O investidor deverá igualmente ter presente que os fundos de investimento, e as entidades gestoras, se encontram sujeitas à supervisão da CMVM, a qual poderá constituir entidade de recurso em matéria de informação e defesa dos investidores, enquanto entidade que pugna pelo cumprimento da legalidade nesta matéria. Com efeito, é entendimento dos autores que o papel do supervisor deverá ser equidistante e neutro face aos diversos

Por outro lado, cumpre sublinhar que, conforme anteriormente referido, a entidade comercializadora tem a obrigação de aferir da adequabilidade do investimento ao investidor e adverti-lo para o caso, no seu entender, o mesmo não ser adequado às suas características pessoais ou, alternativamente, alertá-lo para a eventualidade do investidor não o ter habilitado com as informações necessárias[101] à formulação de tal juízo[102].

### III.4. Activos

As carteiras dos OICVM são constituídas por activos de elevada liquidez, tais como (i) valores mobiliários e instrumentos de mercado monetário, (ii) unidades de participação, (iii) depósitos bancários, (iv) instrumentos financeiros derivados, transaccionados em ou fora de mercado regulamento[103], entre outros, contanto que em todos os casos logrem cumprir os requisitos legalmente estabelecidos.[104]

---

intervenientes do mercado dos Fundos, procurando, em relação a todos, desempenhar um papel construtivo, o que, cremos, tem vindo a ser conseguido com assinalável sucesso na maioria dos casos.

[101] De acordo com o n.º 3 do artigo 70.º do Regulamento da CMVM n.º 15/2003, na redacção conferida pelo Regulamento da CMVM n.º 7/2007, a entidade comercializadora deve solicitar ao cliente informação necessária relativa aos seus conhecimentos e experiência em OIC e, se necessário (sê-lo-á em caso de consultoria para o investimento e/ou gestão de carteira), à situação financeira e aos seus objectivos de investimento, por forma a estar, assim, habilitado a formular um juízo de adequabilidade do investimento as circunstâncias pessoais do investidor.

[102] Nos termos do n.º 4 do artigo 70.º do Regulamento da CMVM n.º 15/2003, na redacção conferida pelo Regulamento da CMVM n.º 7/2007.

[103] Refira-se que a aquisição de valores admitidos à negociação em mercados regulamentados, por conta de OICVM, apenas poderão ser efectuadas fora de mercado regulamentado se tal inequivocamente representar uma vantagem para os participantes, devendo as entidades gestoras inscrever as mesmas em registo especial, não podendo envolver valores integrados em outras carteiras sob gestão da mesma entidade gestora, conforme estatuído no artigo 47.º do Decreto-lei n.º 252/2003, de 17 de Outubro.

[104] V. artigo 45.º do Decreto-lei n.º 252/2003, de 17 de Outubro. Contudo, importa evidenciar que à data da elaboração do presente estudo se encontra em processo de consulta pública, promovida pela CMVM (processo de consulta pública n.º 4/2008) uma nova alteração regime jurídico dos OIC's (o referido Decreto-Lei n.º 252/2003, de 17 de Outubro), a qual versa, essencialmente, os seus activos elegíveis. Alteração imposta pela harmonização entre o regime legal comunitário, constante da Directiva n.º 85/611/CEE,

A título meramente acessório, podem fazer parte do activo dos OICVM os meios líquidos para fazer face a pagamentos relativos a resgates, bem como os resultantes da venda de activos do OICMV para posteriormente reinvestimento, entre outros[105].

Por último refira-se que não poderão ser adquiridos para as carteiras de OICVM metais preciosos nem certificados representativos destes.

---

e ordenamento jurídico português, a alteração normativa projectada, aproveitando para "afinar" alguns aspectos do regime já transposto (tais como o alargamento de situações, extraordinárias, de ultrapassagem dos limites constantes do artigo 55.º do antedito Decreto-Lei) passa a prever a admissibilidade de investimento por parte de OICVM's em OICVM fechados, em veículos de titularização, em derivados de credito e de índices financeiros sobre activos não directamente elegíveis, designadamente, sobre derivados de mercadorias e de *hedge funds*. A alteração projectada parece-nos positiva, contudo estamos em crer que as alterações projectadas relativas a veículos de titularização deveriam ser mais exigentes e concretas, sendo desejável que a alínea d) do n.º 2 do artigo 45.º projectado não contivesse conceitos vagos e indefinidos. Não obstante, as alterações projectadas afiguram-se-nos positivas.

[105] Idem.

## IV. FUNDOS DE INVESTIMENTO IMOBILIÁRIO

Pretendendo manter uma linha de continuidade relativamente à reforma, supra referida, de 1995, em 20 de Março de 2002 o legislador, por via do Decreto-lei n.º 60/2002[106] procedeu à actualização do regime jurídico dos fundos de investimento imobiliário, por forma a dotar o mesmo *"de acrescida simplicidade e flexibilidade, sem prejuízo de medidas de rigor e inovação"*[107].

Assim, o legislador optou por restringir o âmbito do Decreto-lei n.º 60/2002, de 20 de Março, às questões essenciais do regime legal, deixando uma larga margem à CMVM para, por via regulamentar[108], proceder ao seu aprofundamento e desenvolvimento. Ora, a este respeito gostaríamos de evidenciar que tal afigura-se-nos uma opção perspicaz do legislador, na medida em que constitui um importante contributo para uma maior adaptabilidade do regime dos Fundos de Investimento Imobiliário à realidade e evolução do mercado.

Ademais, não podemos deixar de destacar o reforço do papel dos peritos avaliadores no âmbito do regime dos fundos de investimento imobiliário. Daí que, atenta a conjuntura actual, a alteração recentemente consagrada de substituir o registo dos peritos avaliadores de imóveis por uma mera comunicação prévia à CMVM[109] nos suscite sérias e, cremos, fundadas dúvidas quanto à sua oportunidade.

Concomitante, o normativo legal em questão procedeu ainda à criação de uma figura híbrida, apelidada de Fundos "mistos", que conjuga

---

[106] Entretanto objecto de alterações pelo Decreto-lei n.º 252/2003, de 17 de Outubro, e republicado pelo Decreto-lei n.º 13/2005, de 7 de Janeiro.
[107] V. preâmbulo do Decreto-lei n.º 60/2002, de 20 de Março.
[108] Regulamento da CMVM n.º 8/2002, posteriormente alterado pelo Regulamento da CMVM n.º 1/2005 e, mais recentemente, pelo Regulamento da CMVM n.º 7/2007.
[109] V. nota 68 supra.

características dos Fundos abertos e fechados, colocando à disposição da indústria um instrumento que permite associar aos capitais de um núcleo estável de investidores predominantemente institucionais, recursos captados junto do público e reembolsáveis a todo o tempo de acordo com um regime próximo do das obrigações emitidas por sociedades anónimas.

De destacar, igualmente, a possibilidade conferida aos Fundos de procederem ao investimento em imóveis localizados nos Estados-membros da União Europeia.

Por último, uma palavra para as frequentes similitudes em termos de regime legal dos Fundos de Investimento Mobiliários e Imobiliários, conforme teremos oportunidade de verificar, ainda que sumariamente.

### IV.1. Entidades gestoras

Na sequência da publicação do Decreto-lei n.º 252/2003, de 17 de Outubro, que, para além de estabelecer o novo regime legal dos Fundos de Investimento Mobiliários, foram introduzidas algumas alterações ao Decreto-lei n.º 60/2002, de 20 de Março, as quais se traduziram, nomeadamente, no alargamento do objecto social das sociedades gestoras, a quem passou a ser possível realizar a gestão de Fundos de Investimento Imobiliário.

Outras das alterações foi a equiparação do regime dos Fundos de Investimento Mobiliários e Imobiliários em matéria de fundos próprios[110], passando a existir uma consonância de regimes nesta matéria.

Igual identidade de regime se verifica quanto ao domicílio dos Fundos[111].

Às entidades gestoras de Fundos de Investimento Imobiliários compete administrar, em representação dos participantes, um ou mais Fundos de Investimento Imobiliário, praticando todos os actos e operações necessários ou convenientes à boa administração do Fundo de Investimento, de acordo com critérios de elevada diligência e competência profissional[112], podendo ainda[113]:

---

[110] V. nota 76 supra.
[111] V. nota 78 supra.
[112] V. artigo 9.º do Decreto-lei n.º 60/2002, de 20 de Março.
[113] V. artigo 6.º do Decreto-lei n.º 60/2002, de 20 de Março.

➤ Prestar serviços de consultoria para investimento imobiliário, incluindo a realização de estudos e análises relativos ao mercado imobiliário; e,
➤ Proceder à gestão individual de patrimónios imobiliários em conformidade com as disposições legais e regulamentares aplicáveis à gestão de carteiras por conta de outrem.

Por outro lado, é especialmente vedado às entidades gestoras[114]:
➤ Contrair empréstimos por conta própria;
➤ Adquirir por conta própria outros valores mobiliários de qualquer natureza, com excepção dos de dívida pública, de títulos de participação e de obrigações admitidas à negociação em mercado regulamentado que tenham sido objecto de notação, correspondente pelo menos à notação A ou equivalente, por uma empresa de *rating* registada na CMVM ou internacionalmente reconhecida[115];
➤ Conceder crédito, incluindo prestação de garantias, por conta própria;
➤ Adquirir, por conta própria, imóveis que não sejam indispensáveis à sua instalação e funcionamento ou à prossecução do seu objecto social;
➤ Efectuar, por conta, própria, vendas a descoberto de valores mobiliários.

Os serviços prestados pela entidade gestora são remunerados através da comissão de gestão[116].

---

[114] V. artigo 11.º do Decreto-lei n.º 60/2002, de 20 de Março.

[115] O conceito indeterminado, ou de determinação vaga e subjectiva, de "*empresa internacionalmente reconhecida*" parece-nos evitável e indesejado em matérias restritivas como a vertente, deixando uma nebulosa margem de discricionariedade.

[116] A qual, nos termos do artigo 16.º do Decreto-lei n.º 60/2002, de 20 de Março, e do artigo 11.º do Regulamento da CMVM n.º 8/2002, deverá constar expressamente do regulamento de gestão, podendo englobar uma parcela calculada em função do desempenho do Fundo em questão, parcela comummente designada por comissão de desempenho, o que, estamos em crer, constitui, sem dúvida, um interessante estimulo à gestão de um Fundo, indexando a remuneração da entidade gestora ao incremento do desempenho do fundo. Por outro lado, importa ainda referir que o regulamento de gestão poderá ainda prever a existência de comissões de subscrição e de resgate.

## IV.2. Entidade depositária

As funções de depositário terão, necessariamente, de ser atribuídas a entidade diversa da entidade gestora[117] do Fundo em questão, sendo ambas, à imagem do previsto no regime legal dos Fundos de Investimento Mobiliários, solidariamente responsáveis perante os participantes[118].

Também neste caso[119] a actividade de depositária é remunerada através de uma comissão de depósito[120].

Por outro lado, cumpre referir que os Fundos, para além das comissões podem ainda ter outros encargos, desde que devidamente identificadas no respectivo regulamento de gestão, (devidamente descriminados nos artigo 11.º-B e 12.º do Regulamento da CMVM n.º 8/2002).

## IV.3. Entidade comercializadora

A entidade comercializadora tem por função proceder à colocação das unidades de participação[121].

Poderão desempenhar as funções de entidade comercializadora:
➢ As entidades gestoras;
➢ As entidades depositárias;
➢ Os intermediários financeiros registados ou autorizados junto da CMVM para o exercício das actividades de colocação em ofertas públicas de distribuição ou de recepção de ordens por conta de outrem;
➢ Ou outras entidades previstas em regulamento da CMVM.

De realçar que também as entidades comercializadoras respondem solidariamente com a entidade gestora perante os participantes, pelos danos causados no exercício da respectiva actividade[122].

---

[117] V. artigo 14.º do Decreto-lei n.º 60/2002, de 20 de Março.
[118] V. nota 78 supra.
[119] V. nota 79 supra.
[120] A qual, nos termos do artigo 16.º do Decreto-lei n.º 60/2002, de 20 de Março, terá necessariamente de constar do regulamento de gestão do fundo, não podendo esta, nos termos do artigo 11.º do Regulamento da CMVM n.º 8/2002, ser superior à comissão de gestão.
[121] V. artigo 17.º do Decreto-lei n.º 60/2002, de 20 de Março.
[122] V. artigo 17.º do Decreto-Lei n.º 60/2002, de 20 de Março.

A este respeito, importa referir que a comercialização via Internet[123] ou via telefónica[124] de Fundos de Investimento Imobiliário se encontra devidamente regulamentada, devendo observar os requisitos regulamentarmente previstos.

### IV.4. Activos

O activo de um Fundo de Investimento Imobiliário pode ser constituído por imóveis e liquidez[125], participações[126] em sociedades imobiliárias[127], podendo, ainda, deter, unidades de participação noutros Fundos de Investimento Imobiliário[128].

Tal activo apenas pode ser constituído por imóveis em direito de propriedade[129], de superfícies, ou outros direitos de idêntico conteúdo, contanto que se encontrem livres de ónus ou encargos que obstem em excesso à sua alienação.

Por outro lado, os imóveis detidos por Fundos de Investimento Imobiliário deverão corresponder a prédios urbanos ou fracções autónomas, ou, ainda, prédios rústicos ou mistos.

---

[123] V. artigo 29.º do Regulamento da CMVM n.º 8/2002.

[124] V. artigo 30.º do Regulamento da CMVM n.º 8/2002. A este respeito cumpre referir que o Regulamento da CMVM n.º 7/2007 veio eliminar os n.ºs 3, 4 e 5 da norma em questão, o que, em face das alterações introduzidas pela DMIF e, bem assim, das alterações entretanto sofridas pelo Regulamento da CMVM n.º 12/2000, se traduz na eliminação de requisitos que, a serem mantidos, se afigurariam redundantes.

[125] Neste caso, em conformidade com o artigo 25.º do Decreto-lei n.º 60/2002, de 20 de Março, por liquidez entenda-se numerário, depósitos bancários, certificados de depósito, unidades de participação de Fundos de tesouraria e valores mobiliários emitidos ou garantidos por um Estado-membro da Comunidade Europeia com prazo de vencimento residual inferior a 12 meses.

[126] V. artigo 25.º do Decreto-lei n.º 60/2002, de 20 de Março.

[127] V. artigo 25.º-A do Decreto-lei n.º 60/2002, de 20 de Março.

[128] V. artigo 6.º do Regulamento da CMVM n.º 8/2002.

[129] Excepto em compropriedade, a qual, nos termos do artigo 25.º do Decreto-lei n.º 60/2002, apenas será possível caso o outro proprietário(s) seja(m) um Fundo de Investimento Imobiliário ou um Fundo de Pensões, devendo a repartição de rendimentos gerados pelo imóvel ou constituição da propriedade horizontal ser objecto de acordo entre os comproprietários.

No caso das participações em sociedades imobiliárias, as mesmas deverão respeitar determinados requisitos legalmente previstos, a saber[130]:
- O objecto da sociedade participada deverá enquadrar-se exclusivamente numa das actividades que podem ser directamente desenvolvidas pelos Fundos de Investimento;
- Pelo menos, 75% do activo da sociedade seja constituído por imóveis, passíveis de integrarem directamente o Fundo;
- A sociedade imobiliária não possua participações em quaisquer outras sociedades;
- A sociedade tenha sede num país membro da União Europeia ou da OCDE;
- As contas da sociedade imobiliária sejam sujeitas a regime equivalente aos dos Fundos de Investimento em matéria de revisão independente, transparência e divulgação;
- A sociedade imobiliária se comprometa contratualmente com a entidade gestora do Fundo a prestar toda a informação que deva ser por esta remetida à CMVM;
- A aplicação ao activo da sociedade imobiliária de princípios equiparáveis ao regime aplicável aos fundos de investimento.

Por último, importa ainda referir que a aquisição de unidades de participação noutros Fundos de Investimento Imobiliário se encontra limitada a 25% do activo total do Fundo, sendo que a entidade gestora não poderá adquirir mais de 25% do activo total de um Fundo sob sua gestão em unidades de participação de outros Fundos por si administrados[131].

### IV.5. A avaliação de imóveis

Pela alegada discricionariedade que alguns entendem existir quanto à avaliação dos imóveis que constituem a carteira dos Fundos de Investimento Imobiliário, entendemos por bem autonomizar este ponto e determo-nos, um pouco mais, sobre ele.

Antes de mais, importa sublinhar que a lei regulamenta a actividade de avaliação de imóveis, a qual deve ser *efectuada por forma a fornecer*

---

[130] V. artigo 25.º-A do Decreto-lei n.º 60/2002.
[131] V. artigo 7.º do Regulamento da CMVM n.º 8/2002.

*à entidade gestora e aos participantes a informação objectiva e rigorosa relativamente ao melhor preço que poderia ser obtido, caso o imóvel fosse alienado no momento da avaliação, em condições normais de mercado.*[132]"

Assim, a lei estabelece os métodos avaliativos que deverão ser utilizados pelos peritos avaliadores, os quais deverão ser, pelo menos, dois dos seguintes três[133]:
➢ Método comparativo;
➢ Método do rendimento;
➢ Método do custo.

Não obstante, caso o perito avaliador verifique que, excepcionalmente, os métodos acima referidos não se afiguram adequados para determinar o valor de um imóvel, deverá tal juízo ser objecto de fundamentação, no respectivo relatório de avaliação, do qual deverá igualmente constar os motivos que justificam a opção por outro método de avaliação[134]. Ainda assim, sem prejuízo da validade dos argumentos apresentados pelo perito, deverá ser apresentado no relatório de avaliação o valor do imóvel que resultaria da aplicação dos métodos legalmente previstos.

Por outro lado, encontra-se devidamente regulamentado[135] o conteúdo e a estrutura dos relatórios de avaliação.

Ora, tal reflecte, indubitavelmente, que o relatório de um perito avaliador não é algo determinado por meros juízos discricionários, antes sendo efectuado no estrito cumprimento da lei. Aliás, importa ainda salientar que, se por algum motivo, o perito avaliador entender que

---

[132] V. artigo 15.º do Regulamento da CMVM n.º 8/2002.
[133] V. artigo 16.º do Regulamento da CMVM n.º 8/2002.
[134] Idem.
[135] V. artigo 18.º do Regulamento da CVMV n.º 8/2002, prevendo o anexo II ao antedito regulamento a estrutura a que deverá obedecer a elaboração de um relatório de avaliação. A este respeito importa evidenciar a alteração ao n.º 2 da norma legal em questão, que nos parece francamente positiva. Com efeito, não deixando de prever a possibilidade de utilização de relatório de avaliação elaborado por perito estrangeiro, ainda que sujeito a controlo de qualificação no Estado de origem, passa a ter de ser comunicada previamente à CMVM, a qual poderá opor-se a tal utilização. Esta é uma previsão que se aplaude, constituindo uma verdadeira norma de salvaguarda, adoptada pelo regulador, em benefício do mercado nacional, e que vem reconhecer, uma vez mais, a importância dos relatórios de avaliação periciais.

alguma informação ou elemento relevante, susceptível de influir na avaliação do imóvel, não lhe for disponibilizada ou tornada acessível tal deverá ser espelhado, sob a forma de reserva, no relatório de avaliação.

Ademais, e sem prejuízo de o conteúdo, estrutura e elaboração de relatórios de avaliação se encontrar devidamente balizada em termos legais, cumpre ter presente que apenas poderão ser peritos avaliadores aqueles que lograrem obter aprovação em cursos, devidamente autorizados pela CMVM, devendo comunicar previamente à CMVM o início da sua actividade[136].

Os peritos avaliadores, pela responsabilidade implícita aos serviços por si prestados, encontram-se ainda sujeitos à obrigação legal de disporem de apólice de responsabilidade civil no valor mínimo de 250 mil Euro[137, 138]; o que, refira-se, não prejudica a suspensão da sua actividade, pela CMVM, de avaliação de imóveis de Fundos de Investimento Imobiliário em caso de incumprimento de quaisquer das regras a cujo cumprimento se encontram adstritos[139].

A este respeito, importa evidenciar que os imóveis sitos no estrangeiro podem ser objecto de avaliação por peritos estrangeiros não registados na CMVM, contanto que tal trabalho seja atestado por entidade idónea, internacionalmente reconhecida[140] ou supervisionada por entidade competente do país de origem[141].

---

[136] V. artigo 19.º do Regulamento da CMVM n.º 8/2002, na redacção conferida pelo Regulamento da CMVM n.º 7/2007. A este respeito veja-se, ainda, as nota 68 supra, quanto à opinião formulada sobre tal medida.

[137] Idem. Não podendo, contudo, deixar de se evidenciar que, em face da dimensão que os Fundos nacionais vêm adquirindo, o valor da apólice deveria ser objecto de revisão em alta, como factor de reforço da confiança dos investidores.

[138] Em sede de responsabilidade dos peritos avaliadores, perante a entidade gestora e os participantes, vejase o artigo 22.º do Regulamento da CMVM n.º 8/2002.

[139] Conforme o previsto no artigo 23.º do Regulamento da CMVM n.º 8/2002, na redacção que lhe foi conferida pelo Regulamento da CMVM n.º 7/2007.

[140] Uma vez mais, estamos em crer que conceitos indefinidos como aquele aqui subjacente de *"entidades internacionalmente reconhecidas"* em nada abonam a favor do regime, sendo desejável a definição de critérios objectivos de aplicação da presente norma. Aliás, sem prejuízo do aduzido anteriormente, não podemos deixar de referir que, até por questões de coerência de regime, nos parece que o relatório do perito estrangeiro deveria cumprir com os requisitos estabelecidos para os relatórios elaborados por peritos avaliadores legalmente autorizados para proceder a avaliação de imóveis no território nacional. Com efeito, a solução preconizada na lei poderá resultar em situações de manifesta

Por outro lado, destaque-se que os peritos avaliadores não poderão acumular funções que regulamentarmente sejam consideradas incompatíveis com as atribuições que lhe são confiadas[142].

Acresce que, antes da aquisição ou alienação, no desenvolvimento de projectos imobiliários ou sempre que ocorram eventos susceptíveis de alterar de modo significativo o valor dos imóveis, mas sempre com uma periodicidade mínima de 2 anos, deverão os mesmos ser avaliados por dois peritos independentes[143], pelo que, sem prejuízo de eventuais melhorias ou actualizações, o regime actual se afigura capaz de conferir o rigor e confiança que a importância do regime dos Fundos de Investimento Imobiliários impõe.

---

injustiça ou prejuízo para os participantes. Pense-se, por exemplo, no caso de uma entidade estrangeira que não obstante o seu "reconhecimento internacional" se sustenta em critérios absolutamente distintos dos autorizados em Portugal e/ou não dispõem de técnicos habilitados para exercer a sua actividade em Portugal, e que, ainda assim, têm o direito a efectuar avaliações em território estrangeiro para um Fundo português. A iniquidade da solução parece-nos manifesta. Pelo que, a alteração, nesta sede, consagrada pelo Regulamento da CMVM n.º 7/2007 afigura-se adequada, ainda que, por ventura, insuficiente em face do exposto.

[141] V. artigo 20.º do Regulamento da CMVM n.º 8/2002.
[142] V. artigo 21.º do Regulamento da CMVM n.º 8/2002.
[143] V. artigo 29.º do Decreto-lei n.º 60/2002.

## V. REGIME TRIBUTÁRIO DOS FUNDOS DE INVESTIMENTO

Essencialmente contido no Estatuto dos Benefícios Fiscais ("EBF"), o regime tributário dos Fundos de Investimento, conforme referido no início do presente estudo, mais que regular a especifica realidade dos Fundos de Investimento em Portugal tem por escopo fomentar o aforro e constituir um verdadeiro elemento dinamizador do mercado mobiliário e imobiliário português.

A este respeito, e conforme supra evidenciado, o sucesso de tal objectivo foi – e é – reconhecido pelo mercado, com os activos sob gestão de Fundos de Investimento constituídos de acordo com a legislação nacional a registarem seguros e sucessivos aumentos nos anos mais recentes.

Assim, optámos por tratar os diversos aspectos do regime tributário dos Fundos de Investimento de forma compartimentada, tendo em consideração os tipos de Fundos quanto à natureza dos activos que o compõem, por ser este o critério distintivo em termos de regime tributário, ainda que seja, desde já, de referir a particularidade da tributação dos Fundos de Investimento se efectuar aquando da obtenção dos rendimentos e não na sua distribuição.

Com efeito, precisamente devido a tal facto a cotação das unidades de participação tem um valor bruto[144, 145] e um valor líquido[146]. Mas vejamos,

---

[144] No qual se encontra reflectida a tributação havida no Fundo, a qual no caso de englobamento, adiante identificado, dará origem a dedução de tal imposto na esfera do participante que opte ou seja obrigado a englobar os rendimentos decorrentes das unidades de participação por si detidas.

[145] A este respeito importa ter presente que os Fundos de Investimento constituídos e a operar de acordo com o legislação nacional se encontram sujeitos a regras contabilísticas especificas, pelo que deverá ser tido em atenção as particularidades contabilísticas dos Fundos de Investimento, designadamente a necessidade de determinar diariamente o valor liquido global do Fundo por forma a determinar o valor de cada unidade de

então, o regime tributário, genericamente, aplicável aos Fundos de Investimento constituídos e a operar de acordo com a legislação nacional.

## V.1. Tributação sobre o rendimento dos Fundos de Investimento

Conforme referido, sujeitos a um regime tributário específico, na presente secção versaremos o tratamento tributário a que se encontram sujeitos os rendimentos obtidos pelos Fundos de Investimento constituídos e a operar de acordo com a legislação nacional.

Podemos, assim, resumir esquematicamente esta realidade da seguinte forma:

---

participação, no caso dos Fundos de Investimento Abertos. Assim, o regime contabilístico dos Fundos de Investimento Mobiliários encontra-se previsto no Regulamento da CMVM n.º 16/2003, ao passo que o Regulamento da CMVM n.º 2/2005 estabelece o regime contabilístico dos Fundos de Investimento Imobiliário.

[146] Que será aquele que o participante que não opte ou não seja obrigado a englobar obtém. A este respeito importa ter em consideração que aquando da liquidação de um Fundo de Investimento, que dará lugar à alienação do activo do Fundo liquidado, encontrando-se tal alienação sujeita a tributação o valor das unidades de participação do Fundo em questão sofrerão um decréscimo na exacta medida dessa tributação.

### V.1.1 *Fundos de Investimento Mobiliário ("FIM")*

Os rendimentos dos FIM, constituídos e a operar de acordo com a legislação nacional, encontram-se sujeitos ao seguinte regime tributário[147]:
a) Os rendimentos qualificáveis como mais-valias[148] obtidas em território português ou fora dele, são tributados autonomamente à taxa de 10% sobre a diferença positiva entre as mais-valias e as menos-valias obtidas em cada ano, nas mesmas condições em que se verificaria se desses rendimentos fossem titulares pessoas singulares residentes em território português[149];

b) Os demais rendimentos, não qualificáveis como mais-valias, obtidos em território português:
   (i) são tributados autonomamente, por retenção na fonte, como se de pessoas singulares residentes em território português se tratasse;
   (ii) são tributados autonomamente às taxas de retenção na fonte e sobre o montante a ela sujeito, como se de pessoas singulares residentes em território português se tratasse, quando tal retenção na fonte, sendo devida, não for efectuada pela entidade a quem compete;
   (iii) caso não se encontrem sujeitos a retenção na fonte, são tributados autonomamente à taxa de 25% sobre o respectivo valor líquido obtido em cada ano;

c) Os rendimentos obtidos fora do território português, não qualificáveis como maisvalias, são tributados, autonomamente, sobre o respectivo valor líquido obtido em cada ano, nas seguintes condições:

---

[147] V. artigo 22.º do EBF.

[148] Sobre o conceito de mais-valia veja-se o artigo 10.º do Código do IRS e António Borges e Pedro Cabrita "Mais e Menos-Valias – Tributação e Reinvestimento", 2002, p. 26 e ss.

[149] Atenta a aplicação das regras aplicáveis a pessoas singulares, deverão os Fundos ver aplicados também os benefícios disponíveis às pessoas singulares, designadamente, a não sujeição a tributação das mais-valias realizadas com a alienação de obrigações e de acções detidas por prazo igual ou superior a um ano (em conformidade com o n.º 2 do artigo 10.º do Código do IRS).

(i) à taxa de 20%, relativamente a rendimentos de títulos de dívida, lucros distribuídos e rendimentos de Fundos de Investimento; e,
(ii) à taxa de 25%, nos restantes casos.

Quanto à obrigação de entrega do respectivo imposto, a mesma deverá recair sobre diferentes entidades, consoante o tipo de rendimento em causa e as circunstâncias em que o referido imposto é liquidado.

Assim, no caso dos rendimentos mencionados na alínea b)(i) supra tal obrigação deverá recair sobre as entidades devedoras dos respectivos rendimentos, em conformidade com as regras estabelecidas no Código do IRS.

Neste contexto, a tabela a seguir apresentada contém, a título exemplificativo, alguns tipos de rendimentos e taxas de retenção[150] cujo imposto deverá ser entregue pelas respectivas entidades pagadoras:

- Juros de Depósitos Ordem ............................................. 20%
- Juros de Obrigações ..................................................... 20%
- Rendimentos de Certificados de Depósito ..................... 20%
- Dividendos de Acções .................................................. 20%
- Rendimentos de *Swaps* Cambiais, de Taxa de Juro e de Taxa de Juro e divisas ............................................ 20%
- Rendimentos de *Forwards* Cambiais ........................... 20%

Por outro lado, no que diz respeito aos rendimentos identificados nas alíneas a), b)(ii), b)(iii), e c) esta obrigação deverá recair sobre as respectivas sociedades gestoras, ainda que na situação prevista na alínea b)(ii) por substituição do primeiro responsável. Quanto ao momento de entrega do imposto ao Estado, o mesmo deverá ser entregue:

➢ até ao fim do mês de Abril do ano seguinte àquele a que os rendimentos respeitarem[151, 152], no caso dos rendimentos previstos nas alíneas a), b)(iii), e c);

---

[150] V. artigos 71.° e 101.°, ambos, do Código do IRS.
[151] V. artigo n.° 1 do 22.° do EBF.
[152] A este respeito importa advertir que, não obstante a respectiva previsão legal, não existe declaração electrónica específica para este caso, pelo que a sociedade gestora deverá ter presente tal limitação, sendo urgente que a Administração Tributária rectifique a mesma. Regra geral, actualmente, o cumprimento da obrigação declarativa em causa tem

➢ dentro do prazo aplicável para cada um desses rendimentos, de acordo com o disposto no Código do IRS[153], nos casos das alíneas b)(i) e b)(ii).

Em suma:

| \multicolumn{4}{c}{**FUNDOS DE INVESTIMENTO MOBILIÁRIO**} |
|---|---|---|---|
| **Tipo de Rendimento** | **Taxa** | **Entidade obrigada à liquidação do Imposto** | **Regra Aplicável** |
| Mais-Valias | 10% | Sociedade Gestora | Tributação autónoma sobre a diferença positiva obtida entre as mais-valias e menos-valias obtidas em cada ano. |
| Rendimentos sujeitos a RF | Respectiva Taxa RF (maioriamente 20%) | Entidades Devedoras | Tributação por retenção na fonte (às taxas previstas no Código do IRS), quando do pagamento dos respectivos rendimentos. |
| Rendimentos sujeitos a RF que não tenham sofrido essa RF | Respectiva Taxa RF (maioriamente 20%) | Sociedade Gestora | Tributação autónoma (às taxas de retenção na fonte previstas no Código do IRS), quando do recebimento dos respectivos rendimentos. |
| Outros Rendimentos obtidos no território Português | 25% | Sociedade Gestora | Tributação autónoma sobre o respectivo rendimento líquido obtido em cada ano. |
| Outros Rendimentos obtidos fora do território Português | 20% ou 25% | Sociedade Gestora | Tributação autónoma sobre o respectivo rendimento líquido obtido em cada ano: - 20% para rendimentos de títulos de dívida, lucros distribuídos e rendimentos de fundos de investimento; - 25% nos restantes casos. |

### V.1.2. *Fundos de Investimento Imobiliário ("FII")*

Os rendimentos obtidos por Fundos de Investimento Imobiliário[154], constituídos e a operar de acordo com a legislação nacional são tributados de acordo com as regras a seguir indicadas:

---

sido efectuada pela utilização da declaração de retenção na fonte de IRS/IRC e Imposto do Selo, a qual, resultado das diferentes normas aplicáveis, se encontra sujeita a um prazo legal diferente, o que tem suscitado diversas questões para os Fundos de Investimento e respectivas sociedades gestoras em termos da sua aplicação prática, agravada pela diminuta colaboração da Administração Tributaria nesta matéria.

[153] Segundo o artigo 98.º do Código do IRS, regra geral, o prazo máximo para a entrega das quantias retidas na fonte pelas respectivas entidades a isso obrigadas, é o dia 20 do mês seguinte ao da retenção.

[154] V. o n.º 6 do artigo 22.º do EBF.

a) Os rendimentos prediais[155] são tributados autonomamente à taxa de 20%, a qual incide sobre os rendimentos líquidos dos encargos de conservação e manutenção efectivamente suportados e devidamente documentados;
b) As mais-valias prediais[156] são tributadas autonomamente à taxa de 25%, a qual incide sobre 50% da diferença positiva entre as mais-valias e as menos-valias realizadas, apuradas de acordo com o Código do IRS[157];
c) Os demais rendimentos[158] são tributados nos termos mencionados no ponto V.1.1 supra, relativo ao Regime Fiscal aplicável aos Fundos de Investimento Mobiliário.

A respeito das mais-valias prediais referidas na alínea b) supra, cumpre referir que segundo o Código do IRS:
- o valor de aquisição ou equiparado de direitos reais sobre os bens imóveis deverá ser corrigido pela aplicação de coeficientes para o efeito aprovados mediante portaria do Ministro das Finanças[159], sempre que tenham decorrido mais de 24 meses entre a data da aquisição e a data da alienação ou afectação[160]; e,
- os encargos com a valorização dos bens, comprovadamente realizados nos últimos cinco anos, e as despesas necessárias e efectivamente praticadas, inerentes à aquisição e alienação sejam adicionados ao respectivo valor de realização[161].

---

[155] Encontram-se aqui excepcionados os rendimentos prediais relativos à habitação social sujeita a regimes legais de custos controlados. A este respeito veja-se a Portaria n.º 500/97, de 21 de Julho.

[156] A excepção aplicável aos rendimentos prediais relativos à habitação social sujeita a regimes legais de custos controlados é igualmente aplicável às mais-valias prediais.

[157] As mais-valias e as menos-valias realizadas com a alienação de imóveis deverão ser apuradas de acordo com o Código do IRS, nomeadamente, com os artigos 42.º e seguintes.

[158] Ver alínea c) do n.º 6 artigo 22.º do EBF.

[159] Todos os anos o Ministério das Finanças publica uma nova portaria com os coeficientes a serem aplicados aos imóveis alienados nesse ano, tendo os mesmos, para os anos de 2007, 2006 e 2005, sido estabelecidos pela Portarias n.º 768/2007, n.º 429/ /2006 e n.º 488/2005, respectivamente.

[160] V. artigo 50.º do Código do IRS.

[161] V. artigo 51.º do Código do IRS.

A obrigação de entrega do imposto ao Estado deverá, relativamente aos rendimentos previstos nas anteditas alíneas a) e b), recair sobre as respectivas sociedades gestoras, devendo estas proceder à sua entrega até ao fim do mês de Abril do ano seguinte àquele a que estes rendimentos respeitarem.

Ou seja, esquematicamente, os diferentes tipos de rendimentos auferidos pelos FII, serão objecto de tributação em conformidade com a seguinte tabela:

**FUNDOS DE INVESTIMENTO IMOBILIÁRIO**

| Tipo de Rendimento | Taxa | Entidade obrigada à liquidação do Imposto | Regra Aplicável |
|---|---|---|---|
| Rendimentos Prediais | 20% | Sociedade Gestora | Tributação por retenção na fonte (às taxas previstas no Código do IRS), quando do pagamento dos respectivos rendimentos. |
| Mais-Valias Prediais | 12,5% | Sociedade Gestora | Tributação autónoma sobre a diferença positiva entre as mais-valias fiscais e as menos-valias fiscais realizadas em cada ano. |
| Outros Rendimentos | Taxas dos FIM | Entidades Devedoras ou Sociedade Gestora | Tributação nos termos mencionados para os FIM. |

### V.1.3 Fundos de Investimento Imobiliário em Recursos Florestais ("FIIRF")

Criados com o intuito de fomentar a protecção, conservação e valorização de uma das nossas principais riquezas naturais – a floresta, os FIIRF, não têm logrado obter o sucesso que à partida se antecipava.

Com efeito, ocupando os espaços florestais 38% do território português, o que corresponde a cerca de 3,3 milhões de hectares de terrenos arborizados, os quais são detidos em cerca de 92% por particulares[162], a floresta tem visto a sua rentabilidade reduzida de ano para ano com o flagelo dos fogos florestais, implicando a sua conservação e manutenção significativas despesas em face de um rendimento cada vez mais incerto, o que, de certo modo, tem afastado os investidores desta área.

Foi neste contexto que nos últimos dias do ano de 2006[163] o legislador encetou um importante passo para tentar inverter esta realidade, criando um regime fiscal específico para um tipo particular de FII, os FIIRF.

---

[162] *In* "A fiscalidade da floresta portuguesa", de Sérgio Vasques, publicado em Fiscalidade – Revista de Direito e Gestão Fiscal, n.º 25.

[163] Este regime foi introduzido pela Lei n.º 53-A/2006, de 29 de Dezembro, cuja data de entrada em vigor foi o dia 1 de Janeiro de 2007.

Assim, nos termos do referido regime, quaisquer rendimentos obtidos por FIIRF, constituídos e a operar de acordo com a legislação nacional, encontram-se isentos de IRC[164].

No entanto, a qualificação de um Fundo como FIIRF encontra-se condicionada à verificação de (i) pelo menos 75% dos seus activos se encontrarem afectos à exploração de recursos florestais, e (ii) e desde que a mesma esteja submetida a planos de gestão florestal aprovados e executados de acordo com a regulamentação em vigor ou seja objecto de certificação florestal realizada por entidade legalmente acreditada

Caso os anteditos requisitos legais deixem de se verificar, o presente regime deixará de ser aplicável, passando a aplicar-se o regime fiscal previsto para os FII.

Nestes casos, os rendimentos dos FIIRF que, nessa data, não tenham ainda sido pagos ou colocados à disposição dos respectivos titulares, devem ser tributados autonomamente, às taxas previstas no regime fiscal previsto para os FII, acrescidos dos correspondentes juros compensatórios[165].

Podemos assim apresentar na seguinte tabela as taxas de tributação incidentes sobre os rendimentos auferidos pelos FIIRF, de acordo com o acima referido:

| FUNDOS DE INVESTIMENTO IMOBILIÁRIO EM RECURSOS FLORESTAIS ||||
|---|---|---|---|
| Tipo de Rendimento | Taxa | Entidade obrigada à liquidação do Imposto | Regra Aplicável |
| Quaisquer Rendimentos | Isentos | - | |

### V.1.4. *Fundos de Investimento Imobiliário em Reabilitação Urbana ("FIIRU")*

Elevada a desígnio nacional, a reabilitação urbana tem sido, na última década, objecto de discussão crescente na sociedade Portuguesa e, consequentemente, por parte do legislador português.

---

[164] V. n.º 1 do artigo 24.º do EBF.
[165] Os juros compensatórios serão liquidados em conformidade com o n.º 3 do artigo 35.º da Lei Geral Tributária. A taxa anual dos juros compensatórios encontra-se regulamentada, actualmente, pela Portaria n.º 291/2003, de 8 de Abril, a qual fixa a respectiva taxa em 4%.

De facto, a degradação das condições de habitabilidade, de salubridade, de estética e de segurança de significativas áreas urbanas, em particular nas zonas urbanas históricas, impõe acções que fomentem a conservação, recuperação e readaptação urbanística do País.

Após a meritória, mas em larga medida frustrada, tentativa do legislador com a introdução do regime legal das Sociedades de Reabilitação Urbana[166] proceder ao "imperativo público"[167], o qual contem medidas muito interessantes em face dos fundamentos que lhe estão subjacentes, cedo foi possível perceber que o maior entrave à realização não eram de natureza endógena mas sim exógena, ou seja, não tinham tanto a ver com a validade das medidas legalmente previstas mas sim daqueles que delas poderiam fazer uso.

Com efeito, as dificuldades de financiar a implementação e uso do novo regime legal revelaram-se o maior obstáculo ao sucesso das Sociedades de Reabilitação Urbana.

Neste contexto, ciente de ser impossível ao Estado cumprir, ele próprio, tamanha tarefa, o legislador entendeu, e bem, fomentar que tal tarefa fosse efectuada pelo sector privado, tendo, por ocasião da Lei Geral do Orçamento do Estado para 2008 instituído o regime legal dos FIIRU.

Os FIIRU, constituídos e a operar de acordo com a legislação nacional, encontram-se sujeitos a um regime tributário que visa potenciar a reabilitação do tecido urbano nacional[168], isentando-se de IRC os rendimentos de qualquer natureza obtidos por FIIRU.

A antedita isenção de IRC apenas será aplicável aos FIIRU que se constituam entre 1 de Janeiro de 2008 e 31 de Dezembro de 2012 e pelo menos 75% dos seus activos sejam bens imóveis sujeitos a acções de reabilitação realizadas nas áreas de reabilitação urbana[169].

Contudo, à semelhança do previsto no caso dos FIIRF, caso deixem de verificar-se os anteditos requisitos legais, cessa a aplicação da isenção

---

[166] Regime introduzido pelo Decreto-lei n.º 104/2004, de 7 de Maio, o regime das Sociedades de Reabilitação Urbana procurou dinamizar a reabilitação urbana concedendo largos poderes aos Municípios nacionais (que, no limite, poderia passar pela expropriação do prédio a reabilitar), os quais procuraram fazer uso do regime em causa.

[167] V. preâmbulo do Decreto-lei n.º 104/2004, de 7 de Maio.

[168] V. artigo 6.º do Regime Extraordinário do Apoio à Reabilitação Urbana, aprovado pelo artigo 82.º, e ss, da Lei n.º 67-A/2007, de 31 de Dezembro.

[169] V. artigo 6.º do Regime Extraordinário de Apoio à Reabilitação Urbana.

de IRC passando a ser aplicável o regime fiscal previsto para os FII, devendo os rendimentos dos Fundos de Investimento que, à data, não tenham ainda sido pagos ou colocados à disposição dos respectivos titulares ser tributados autonomamente, às taxas previstas para os FII, acrescidos dos correspondentes juros compensatórios[170, 171].

Podemos assim apresentar na seguinte tabela as taxas de tributação incidentes sobre os rendimentos auferidos pelos FIIRU, de acordo com o acima referido:

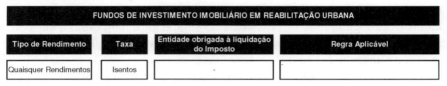

### V.1.5. Fundos de Fundos ("FF")

Os FF, constituídos e a operar de acordo com a legislação nacional, encontram-se sujeitos ao regime tributário a seguir indicado[172]:

a) Os rendimentos respeitantes a unidades de participação em Fundos de Investimento constituídos de acordo com a legislação nacional estão isentos de IRC[173];

b) Aos demais rendimentos, não isentos, será aplicado o regime tributário aplicável aos rendimentos dos FIM e FII.

Podemos, assim, apresentar na seguinte tabela as taxas de tributação incidentes sobre os rendimentos auferidos pelos FF, de acordo com o acima referido:

| FUNDOS DE FUNDOS ||||
|---|---|---|---|
| Tipo de Rendimento | Taxa | Entidade obrigada à liquidação do Imposto | Regra Aplicável |
| Rendimentos de UP de FI | Isentos | - | Rendimentos respeitantes a Unidades de participação em Fundos de Investimento constituídos de acordo com a legislação nacional. |
| Outros Rendimentos | Taxas dos FIM e FII | Entidades Devedoras ou Sociedade Gestora | Deverá aplicar-se o regime idêntico aos dos FIM e FII. |

---

[170] V. artigo n.º 10 do 6.º do Regime Extraordinário de Apoio à Reabilitação Urbana.
[171] V. nota 165 supra.
[172] V. o n.º 13 do artigo 22.º do EBF.
[173] Neste caso não será, no entanto, aplicável o disposto no n.º 4 do artigo 22.º do EBF, ou seja, não haverá lugar a qualquer restituição do imposto, pela sociedade gestora.

**V.1.6 Crédito de Imposto por Dupla Tributação Internacional**

Em qualquer um dos casos supra, sempre que um Fundo de Investimento, constituído e a operar de acordo com a legislação nacional, obtenha rendimentos fora do território português poderá ser aplicável o mecanismo do Crédito de Imposto por Dupla Tributação Internacional[174], o qual consiste na dedução ao imposto devido sobre esses rendimentos obtidos pelos FIM e FII, da menor das seguintes importâncias:
- ➢ Imposto sobre o rendimento efectivamente pago no estrangeiro em relação aos rendimentos em causa;
- ➢ Imposto, calculado nos termos do regime de tributação aplicável aos rendimentos dos fundos de investimento, sobre os rendimentos que no país em causa tenham sido tributados.

Contudo, importa atentar que a antedita dedução se encontra sujeita a alguns condicionalismos, a saber:
- ➢ Quando existir convenção destinada a eliminar a dupla tributação celebrada por Portugal e o país onde os rendimentos são obtidos que não exclua do respectivo âmbito os Fundos de Investimento, a dedução referida não pode ultrapassar o imposto pago nesse país, segundo as regras previstas da respectiva convenção;
- ➢ Sempre que sejam obtidos, no mesmo ano, rendimentos provenientes de diferentes países, a dedução deve ser calculada separadamente para cada tipo de rendimentos procedentes do mesmo país; e
- ➢ Os rendimentos que dão direito ao crédito de imposto devem ser considerados, para efeitos de tributação, pelas respectivas importâncias ilíquidas de impostos sobre o rendimento pago no estrangeiro.

A este respeito importa referir que as sociedades gestoras de Fundos de Investimento que beneficiem do crédito de imposto em causa devem registar os montantes dos rendimentos obtidos no estrangeiro discriminando o país e os montantes de imposto sobre o rendimento efectivamente pagos[175].

---

[174] V. n.º 15 do artigo 22.º do EBF.
[175] V. alínea e) do n.º 15 do artigo 22.º do EBF.

## VI. TRIBUTAÇÃO SOBRE O RENDIMENTO DOS PARTICIPANTES

Analisado o regime tributário dos rendimentos obtidos pelos Fundos de Investimento, constituídos e a operar de acordo com a legislação nacional, cumpre atentar ao regime tributário a que se encontram sujeitos os rendimentos obtidos pelos seus participantes.

Podemos assim resumir esquematicamente esta realidade da seguinte forma:

### VI.1. Fundos de Investimento Mobiliário e Imobiliário

*i) Tributação dos rendimentos de UP*

A tributação dos rendimentos de UP em Fundos de Investimento encontra-se dividida em três grandes grupos de investidores:

a) Os sujeitos passivos de IRS, residentes em território Português, que sejam titulares das respectivas unidades de participação, fora do âmbito de uma actividade comercial, industrial ou agrícola;
b) Os sujeitos passivos de IRC, ou sujeitos passivos de IRS que os obtenham no âmbito de uma actividade comercial, industrial ou agrícola, residentes em território português ou que sejam imputáveis a estabelecimento estável de entidade não residente situado nesse território;
c) Os sujeitos passivos de IRC ou de IRS não residentes em território Português e cujos rendimentos não sejam imputáveis a estabelecimento estável situado neste território.

Relativamente à tributação dos rendimentos obtidos, pelos participantes mencionados nas alienas a) e c) anteriores, respeitantes a UP nos Fundos de Investimento, encontram-se isentos de tributação quer em sede de IRS quer em sede de IRC[176].

No entanto, relativamente aos titulares de UP mencionados na alínea a) anterior, estes poderão ainda optar pelo englobamento desse imposto[177], caso em que o imposto retido ou devido na esfera do respectivo Fundo (nos termos do referido na secção anterior) terá a natureza de imposto por conta do imposto devido a final, ou seja, deverá ser por estes dedutível à sua colecta de imposto nos termos do Código do IRS.

Quanto à tributação dos rendimentos obtidos pelos participantes mencionados na alínea b), os mesmos não estão sujeitos a retenção na fonte, sendo considerados pelos seus titulares como proveitos ou ganhos, e o montante do imposto retido ou devido na esfera do respectivo Fundo (nos termos do referido na secção anterior) tem a natureza de imposto por conta do imposto devido a final, ou seja, o mesmo é dedutível à sua colecta de impostos nos termos dos Códigos do IRC e IRS, respectivamente[178].

Para além de todas as situações acima mencionadas encontra-se ainda prevista na legislação Portuguesa o regime a ser aplicável relativamente a sujeitos passivos de IRC residentes em território português que, em consequência de isenção, não estejam obrigados à entrega da declaração de rendimentos.

---

[176] V. n.ᵒˢ 5, 7 e 14 do artigo 22.º do EBF.
[177] V. artigo 22.º do Código do IRS.
[178] V. n.º 3 e 7 do artigo 22.º do EBF.

Neste caso, o imposto retido ou devido na esfera do respectivo Fundo correspondente aos rendimentos das UP que tenham subscrito, deve ser restituído pela entidade gestora do Fundo e pago conjuntamente com os rendimentos respeitantes a estas unidades[179], devendo o imposto restituído ser deduzido ao montante de quaisquer entregas de imposto posteriores a efectuar pela respectiva entidade gestora à Administração Tributária Portuguesa.

Contudo, se em consequência deste procedimento resultar imposto a recuperar, pode ser feita a dedução em entregas posteriores ou ser pedido o reembolso até ao fim do mês de Abril do ano seguinte, o qual é efectuado de acordo com as seguintes regras[180]:

➢ O reembolso deverá apenas ser efectuado até ao fim do terceiro mês imediato ao da sua apresentação ou envio; e,
➢ Não sendo efectuado o reembolso no prazo acima referido, acrescem à quantia a restituir juros indemnizatórios, cuja taxa é igual à taxa de juros compensatórios[181].

Adicionalmente, e nas situações em que os participantes optem pelo englobamento dos rendimentos provenientes de unidades de participação de FIM e FII, é de destacar a possibilidade concedida aos seus titulares de deduzir 50% dos rendimentos resultantes da distribuição de lucros por sociedades residentes em território Português[182, 183].

Caso se encontrem reunidas estas condições, as entidades que podem beneficiar de tal prerrogativa, são os participantes referidos nas antedias alínea a), caso tenham optado pelo englobamento dos respectivos rendimentos, e os participantes identificados na alínea b).

---

[179] V. n.º 4 do artigo 22.º do EBF.
[180] V. n.ºs 8 e 9 do artigo 22.º do EBF.
[181] De acordo com o disposto no artigo 35.º *ex vi* n.º 3 do artigo 43.º, ambos, da Lei Geral Tributária. A taxa anual dos juros compensatórios encontra-se regulamentada, actualmente, pela Portaria n.º 291/2003, de 8 de Abril, a qual fixa a respectiva taxa em 4%.
[182] Contanto que se encontrem nas situações previstas no artigo 40.º-A do Código do IRS e no n.º 8 do artigo 46.º do Código do IRC. Trata-se da aplicação, também nestes casos, do mecanismo previsto na lei que pretende atenuar a dupla tributação económica de lucros distribuídos por sociedades, cujos resultados tenham já sido tributados em sede de imposto sobre o rendimento, quer sejam estas residentes em território Português quer residentes num outro Estado da UE.
[183] V. n.º 10 do artigo 22.º do EBF.

## ii) Tributação das mais-valias com a alienação de UP

Relativamente ao saldo positivo entre as mais-valias e menos-valias realizadas com a alienação de UP de Fundos de Investimento, o respectivo regime de tributação varia em função dos sujeitos passivos em causa.

Assim, o regime de tributação das mais-valias e menos-valias realizadas com a alienação de UP de Fundos de Investimento, deverão ser tributadas da seguinte forma:

➢ Caso estes rendimentos sejam auferidos pelos participantes referidos na alínea a) supra, então o saldo positivo entre as mais--valias e as menos-valias, desta natureza, realizados por si durante esse ano, será tributado autonomamente à taxa de 10%[184, 185];

➢ Caso estes rendimentos sejam auferidos pelos participantes referidos na alínea b), então, quer os valores relativos à mais-valias, quer os valores relativos às menosvalias por si realizadas durante esse ano, deverão ser englobados pelos respectivos sujeitos passivos na sua declaração de rendimentos e tributados à taxa geral de tributação sobre o rendimento[186] que lhes seja aplicável;

➢ Caso estes rendimentos sejam auferidos pelos participantes referidos na alínea c), então, o saldo positivo entre as mais-valias e as menos-valias desta natureza, por si realizados durante esse ano, deverá encontrar-se isento de tributação, excepto nos casos a seguir indicados, em que a tributação deste valor deverá processar-se à taxa autónoma de 25%[187]:

• Entidades não residentes e sem estabelecimento estável em território Português que sejam detidas, directa ou indirectamente, em mais de 25%, por entidades residentes;

• Entidades não residentes e sem estabelecimento estável em território português que sejam domiciliadas em país, território

---

[184] V. n.º 4 do artigo 72.º do Código do IRS.

[185] Estes sujeitos passivos poderão ainda optar pelo englobamento destes rendimentos, situação na qual serão tributados com os seus restantes rendimentos à sua taxa geral de tributação, sendo esta progressiva com o valor de rendimento global auferido, podendo atingir um máximo de 42%.

[186] Os sujeitos passivos de IRC têm a sua taxa de tributação sobre o rendimento genérica nos 25% (à qual será acrescida a respectiva derrama), enquanto que a taxa de tributação dos sujeitos passivos de IRS é progressiva com o montante do rendimento global auferido, e poderá ir até aos 42%.

[187] V. artigo 27.º do EBF.

ou região, sujeitas a um regime fiscal privilegiado, constante de lista aprovada por portaria do Ministro das Finanças[188];
• Outros sujeitos passivos não residentes relativamente a unidades de participação quando não negociadas em mercados regulamentados de bolsa.

Podemos assim apresentar nas seguintes tabelas os regimes de tributação incidentes sobre os participantes de FIM e FII, quer relativamente aos rendimentos decorrentes de UP, quer relativamente aos rendimentos de mais-valias realizadas com a alienação dessas UP, de acordo com o acima referido:

**PARTICIPANTES DE FIM E FII**
(Tributação dos Rendimentos de UP)

| Tipo de Sujeito Passivo | Residente / Não Residente | Tributação | Regra Aplicável |
|---|---|---|---|
| Sujeitos Passivos de IRS (fora do âmbito de uma actividade comercial, industrial ou agrícola) | Residentes | Isento (Com opção pelo englobamento) | Em caso de opção pelo englobamento, o imposto retido ou devido na esfera do FI terá a natureza de imposto por conta devido a final. |
| Sujeitos Passivos de IRC e IRS (no âmbito de uma actividade comercial, industrial ou agrícola) | Residentes | Englobamento obrigatório | O rendimento deverá ser considerado como proveito ou ganho e o montante de imposto retido ou devido na esfera do FI terá a natureza de imposto por conta devido a final. |
| Sujeitos passivos de IRC e IRS | Não Residentes (E cujo rendimento não seja imputável a estabelecimento estável) | Isento | - |

**PARTICIPANTES DE FIM E FII**
(Tributação de Mais-Valias com UP)

| Tipo de Sujeito Passivo | Residente / Não Residente | Tributação | Regra Aplicável |
|---|---|---|---|
| Sujeitos Passivos de IRS (fora do âmbito de uma actividade comercial, industrial ou agrícola) | Residentes | 10% (Com opção pelo englobamento) | - |
| Sujeitos Passivos de IRC e IRS (no âmbito de uma actividade comercial, industrial ou agrícola) | Residentes | Englobamento obrigatório | - |
| Outros sujeitos passivos de IRC e IRS (a) | Não Residentes (E cujo rendimento não seja imputável a estabelecimento estável) | Isento | - |

(a) Com excepção das entidades que sejam residentes em país, território ou região sujeito a regime fiscal claramente mais favorável, constante de lista aprovada por Portaria do Ministro das Finanças, das entidades não residentes detidas, directa ou indirectamente, em mais de 25% por entidades residentes bem como das entidades cujas respectivas UP não sejam negociadas em mercados regulamentados de bolsa, cuja tributação dos respectivos rendimentos é efectuada por retenção na fonte à taxa de 25%.

---

[188] A Portaria n.º 150/2004, de 13 de Fevereiro, dá a conhecer a lista dos países, territórios e regiões com regimes de tributação privilegiada.

## VI.2. FIIRF e FIIRU

### i) Tributação dos rendimentos decorrentes de UP

A tributação dos rendimentos de Unidades de Participação em FIIRF e FIIRU, pagos ou colocados à disposição dos respectivos titulares (quer respeitantes à distribuição de rendimentos ou a operações de resgate), encontram-se sujeitos a retenção na fonte de IRC ou IRS, à taxa de 10%[189, 190].

Existem, no entanto, excepções a esta regra, designadamente nas duas situações a seguir indicadas em que os referidos rendimentos se encontram isentos de tributação:
➢ Quando os titulares destes rendimentos sejam entidades isentas quanto aos rendimentos de capitais; ou,
➢ Quando os titulares destes rendimentos sejam entidades não residentes e sem estabelecimento estável em território Português ao qual os rendimentos sejam imputáveis.

Contudo, nestas excepções não se incluem quer as entidades que sejam residentes em país, território ou região sujeito a regime fiscal privilegiado, constante de lista aprovada por Portaria do Ministro das Finanças[191], quer as entidades não residentes detidas, directa ou indirectamente, em mais de 25% por entidades residentes.

Não obstantes, tais entidades apenas poderão beneficiar desta premissa quando fizerem prova da isenção que aproveitam e da sua qualidade de não residente em território Português perante a respectiva entidade pagadora, até à data em que deva ser efectuada essa retenção na fonte, conforme adiante explicitado.

Caso esta prova não seja efectuada dentro do prazo acima referido, o substituto tributário, ou seja, a entidade pagadora, fica obrigado a entregar a totalidade do imposto que deveria ter sido deduzido caso este benefício não fosse aplicável, sem prejuízo da responsabilização pelo eventual imposto em falta[192].

---

[189] V. o artigo 24.º do EBF.
[190] V. nota 170 supra.
[191] A Portaria n.º 150/2004, de 13 de Fevereiro, estabelece a lista dos países, territórios e regiões com regimes de tributação privilegiada.
[192] Tais como, a instauração de um processo de contra-ordenação tributário, nos termos, designadamente, dos artigos 54.º e 114.º do Regime Geral das Infracções

Por outro lado, quando devida, a retenção na fonte em causa terá carácter definitivo nas seguintes situações:
➢ Quando os titulares sejam entidades não residentes sem estabelecimento estável em território português;
➢ Quando os titulares sejam sujeitos passivos de IRS, residentes em território Português, que obtenham os rendimentos fora do âmbito de uma actividade comercial, industrial ou agrícola.

Neste último caso, os sujeitos passivos de IRS, residentes em território Português, podem ainda optar pelo englobamento destes rendimentos[193], situação na qual o imposto retido na fonte terá a natureza de imposto por conta do imposto devido a final, ou seja, deverá ser por estes dedutível à sua colecta de imposto nos termos do Código do IRS.

Relativamente aos restantes sujeitos passivos de IRS e sujeitos passivos de IRC, residentes em território português, estes rendimentos, são de englobamento obrigatório e têm a natureza de imposto por conta devido a final, devendo ser por estes dedutível na respectiva declaração anual de rendimentos.

Relativamente aos sujeitos passivos que procedam ao englobamento (por opção ou por imposição legal[194]) dos rendimentos respeitantes às UP de FIIRF e FIIRU, os mesmos têm o direito a deduzir 50% dos rendimentos relativos a dividendos nos mesmos termos e condições previstas para a aplicação do mecanismo de atenuação/eliminação da dupla tributação económica de lucros distribuídos[195].

Na prática, para que esta dedução seja possível, estes dividendos deverão ser pagos por pessoas colectivas sujeitas e não isentas de IRC com sede ou direcção efectiva em território português ou por entidade

---

Tributárias, que poderá resultar no pagamento quer do valor do imposto em falta, quer no valor dos respectivos juros compensatórios devidos ao atraso na entrega do mesmo, quer ainda ao pagamento das respectivas coimas.

[193] V. artigo 22.º do Código do IRS e n.º 3 do artigo 24.º do EBF.
[194] No caso das pessoas colectivas, não isentas de IRC.
[195] Estes termos e condições encontram-se previstos no artigo 40.º-A do Código do IRS e no n.º 8 do artigo 46.º do Código do IRC, para os sujeitos passivos de IRS e de IRC respectivamente. Trata-se da aplicação, também nestes casos, do mecanismo previsto na lei que pretende atenuar a dupla tributação económica de lucros distribuídos por sociedades, cujos resultados tenham já sido tributados em sede de imposto sobre o rendimento.

residente noutro Estado membro da União Europeia que preencha os requisitos e condições estabelecidos no artigo 2.º da Directiva "Mães--Filhas"[196].

### ii) Tributação das mais-valias com a alienação de UP

Relativamente à tributação do saldo positivo entre as mais-valias e menos-valias realizadas com a alienação de UP de FIIRF e FIIRU, este deverá ser tributado à taxa de 10% quando estes rendimentos sejam auferidos por[197, 198]:

➢ Entidades não residentes, sem estabelecimento estável em território Português, que sejam detidas, directa ou indirectamente, em mais de 25%, por entidades residentes;

➢ Entidades não residentes, sem estabelecimento estável em território português, que sejam domiciliadas em país, território ou região, sujeitas a um regime fiscal privilegiado, constante de lista aprovada por Portaria do Ministro das Finanças[199];

➢ Outros sujeitos passivos não residentes relativamente a unidades de participação não negociadas em mercados regulamentados de bolsa;

➢ Sujeitos passivos de IRS, residentes em território Português que obtenham estes rendimentos fora do âmbito de uma actividade comercial industrial ou agrícola e não optem pelo respectivo englobamento.

Relativamente à tributação do saldo positivo entre as mais-valias e menos-valias realizadas com a alienação de unidades de participação de FIIRF e FIIRU por outros sujeitos passivos não residentes que não os

---

[196] Denominação comumente utilizada para a Directiva n.º 90/435/CEE, de 23 de Julho.

[197] V. n.º 7 do artigo 24.º do EBF e n.º 7 do artigo 6.º do Regime Extraordinário de Apoio à Reabilitação Urbana.

[198] Tratam-se quer dos sujeitos passivos de IRS e de IRC não residentes que se encontram excluídos da aplicação da isenção prevista no artigo 27.º do EBF, quer dos sujeitos passivos de IRS que obtenham estes rendimentos fora de uma actividade comercial industrial ou agrícola.

[199] A Portaria n.º 150/2004, de 13 de Fevereiro, na qual é estabelecida a lista dos países, territórios e regiões com regimes de tributação privilegiada.

acima mencionados, o mesmo encontra-se isento de tributação, quer em sede de IRS, quer em sede de IRC[200].

Relativamente à tributação do saldo positivo entre as mais-valias e menos-valias realizadas com a alienação de unidades de participação de FIIRF e FIIRU, por residentes em território português, sujeitos passivos de IRC ou sujeitos passivos de IRS, no âmbito de uma actividade comercial, industrial ou agrícola, este deverá ser englobado pelos respectivos sujeitos passivos na sua declaração de anual de rendimentos, sendo tributado à taxa de tributação sobre o rendimento aplicável[201].

### VI.3. Qualidade de não residente – Realização de prova

Por outro lado, pela sua relevância, importa referir que a prova da qualidade de não residente em território Português deverá ser efectuada, dependendo dos respectivos beneficiários em causa de acordo com os seguintes critérios[202]:

1) No caso de bancos centrais, instituições de direito público, organismos internacionais, instituições de crédito, sociedades financeiras, fundos de pensões e empresas de seguros, domiciliados em qualquer país da OCDE ou em país com o qual Portugal tenha celebrado convenção para evitar a dupla tributação internacional, a prova da qualidade de não residente deve efectuar-se através dos seguintes elementos:
   a) A respectiva identificação fiscal; ou,
   b) Certidão da entidade responsável pelo registo ou pela supervisão que ateste a existência jurídica do titular e o seu domicílio; ou,

---

[200] Por via da aplicação da isenção de mais-valias realizadas por não residentes prevista no artigo 27.º do EBF.

[201] Os sujeitos passivos de IRC têm a sua taxa de tributação genérica nos 25% (à qual será acrescida a respectiva derrama), enquanto que a taxa de tributação dos sujeitos passivos de IRS é progressiva, de acordo com o montante do rendimento global auferido pelo sujeito passivo, e poderá ascender a 42%.

[202] V. n.ᵒˢ 4 e 5 do artigo 24.º do EBF. A prova da qualidade de não residente em território português deverá ser efectuada nos termos previstos nos artigos 15.º, 16.º e 18.º do Decreto-Lei n.º 193/2005, de 7 de Novembro.

c) Prova da qualidade de não residente, da forma referida na opção 3) abaixo, caso o titular opte pelos meios de prova aí previstos; ou,
d) Declaração do próprio titular devidamente assinada e autenticada se se tratar de bancos centrais, organismos internacionais ou instituições de direito público que integrem a administração pública central, regional ou a demais administração periférica, estadual indirecta ou autónoma do Estado de residência fiscalmente relevante.

A prova da qualidade de não residente, quando estejam em causa bancos centrais ou agências de natureza governamental, é feita uma única vez, sendo dispensada a sua renovação periódica.

2) No caso de Fundos de Investimento Mobiliário, Imobiliário ou outros OIC domiciliados em qualquer país da OCDE ou em país com o qual Portugal tenha celebrado convenção para evitar a dupla tributação internacional, a prova da qualidade de não residente deve efectua-se através dos seguintes elementos:
a) Declaração emitida pela entidade responsável pelo registo ou supervisão, ou pela autoridade fiscal, que certifique a existência jurídica do organismo, a lei ao abrigo da qual foi constituído e o local da respectiva domiciliação; ou,
b) Prova da qualidade de não residente, da forma referida na aliena 3) infra, caso o titular opte pelos meios de prova aí previstos.

3) Relativamente a beneficiários efectivos não abrangidos nas opções anteriores, a prova da qualidade de não residente deve efectua-se através dos seguintes elementos:
a) Certificado de residência ou documento equivalente emitido pelas autoridades fiscais; ou,
b) Documento emitido por consulado português comprovativo da residência no estrangeiro; ou,
c) Documento especificamente emitido com o objectivo de certificar a residência por entidade oficial que integre a administração pública central, regional ou demais administração periférica, estadual indirecta ou autónoma do respectivo Estado.

Este documento deverá ser, necessariamente, o original ou cópia devidamente autenticada, sendo válido pelo período de três anos a contar da respectiva data de emissão, a qual não pode ser posterior a três meses em relação à data em que a retenção deva ser efectuada, devendo o beneficiário efectivo informar imediatamente a entidade registadora das alterações verificadas nos pressupostos de que depende a isenção.

Podemos assim apresentar nas seguintes tabelas os regimes de tributação incidentes sobre os participantes de FIIRF e FIIRU, quer relativamente aos rendimentos decorrentes de UP, quer relativamente aos rendimentos de mais-valias realizadas com a alienação dessas UP, de acordo com o acima referido:

**PARTICIPANTES EM FIIRF E FIIRU**
**(Tributação dos Rendimentos de UP)**

| Tipo de Sujeito Passivo | Residente / Não Residente | Tributação | Regra Aplicável |
|---|---|---|---|
| Sujeitos Passivos de IRS (fora do âmbito de uma actividade comercial, industrial ou agrícola) | Residentes | 10% (Com opção pelo englobamento) | Em caso de opção pelo englobamento, o imposto retido ou devido na esfera do FIIRF ou de FIIRU terá a natureza de imposto por conta devido a final. |
| Sujeitos Passivos de IRC e IRS (no âmbito de uma actividade comercial, industrial ou agrícola) | Residentes | 10% (Com englobamento obrigatório) | O rendimento deverá ser considerado como proveito ou ganho e o montante de imposto retido na fonte à taxa de 10% terá a natureza de imposto por conta devido a final. |
| Sujeitos Passivos de IRC isentos quanto aos rendimentos de capitais | Residentes | Isento | |
| Sujeitos passivos de IRC e IRS (a) | Não Residentes (E cujo rendimento não seja imputável a estabelecimento estável) | Isento | |

(a) Com excepção das entidades que sejam residentes em país, território ou região sujeito a regime fiscal claramente mais favorável, constante de lista aprovada por Portaria do Ministro das Finanças, bem como das entidades não residentes detidas, directa ou indirectamente, em mais de 25% por entidades residentes, cuja tributação dos respectivos rendimentos é efectuada por retenção na fonte à taxa de 10%.

**PARTICIPANTES EM FIIRF E FIIRU**
**(Tributação das Mais-Valias com UP)**

| Tipo de Sujeito Passivo | Residente / Não Residente | Tributação | Regra Aplicável |
|---|---|---|---|
| Sujeitos Passivos de IRS (fora do âmbito de uma actividade comercial, industrial ou agrícola) | Residentes | 10% (Com opção pelo englobamento) | |
| Sujeitos Passivos de IRC e IRS (no âmbito de uma actividade comercial, industrial ou agrícola) | Residentes | Englobamento obrigatório | |
| Outros sujeitos passivos de IRC e IRS (a) | Não Residentes (E cujo rendimento não seja imputável a estabelecimento estável) | Isento | |

(a) Com excepção das entidades que sejam residentes em país, território ou região sujeito a regime fiscal claramente mais favorável, constante de lista aprovada por Portaria do Ministro das Finanças, das entidades não residentes detidas, directa ou indirectamente, em mais de 25% por entidades residentes bem como das entidades cujas respectivas UP não sejam negociadas em mercados regulamentados de bolsa, cuja tributação dos respectivos rendimentos é efectuada por retenção na fonte à taxa de 25%.

## VI.4. FF

### i) Tributação dos rendimentos de UP

A tributação dos rendimentos de UP em Fundos de Fundos encontra-se dividida em três grandes grupos de investidores[203]:
a) Os sujeitos passivos de IRS que detenham tais unidades de participação fora do âmbito de uma actividade comercial, industrial ou agrícola, bem como os obtidos por sujeitos passivos de IRC que não exerçam a título principal qualquer destas actividades;
b) Os sujeitos passivos de IRS ou IRC não abrangidos pela alínea acima, residentes em território português ou que sejam imputáveis a um estabelecimento estável de entidade não residente situado nesse território;
c) Os sujeitos passivos de IRC ou de IRS não residentes em território Português e cujos rendimentos não sejam imputáveis a estabelecimento estável situado neste território.

Assim, os rendimentos obtidos pelos participantes mencionados na alínea a), estes encontram-se são isentos do respectivo imposto sobre o rendimento, quer este seja o IRS quer seja o IRC.

Quanto aos rendimentos de que sejam titulares sujeitos passivos de IRS ou IRC referidos na alínea b), estes não se deverão encontrar sujeitos a retenção na fonte, contando apenas por 40% do seu quantitativo para fins de IRS ou de IRC, respectivamente.

Por outro lado, os rendimentos obtidos, pelos titulares mencionados na alínea c) acima, estes encontram-se isentos de tributação quer em sede de IRS quer em sede de IRC.

Cumpre ainda referir que, em qualquer destes casos, os impostos retidos ou devidos na esfera dos Fundos de Investimento, que deram origem aos rendimentos destes participantes, não poderão ser por estes deduzidos à sua colecta de imposto ou sequer ser alvo de restituição pela respectiva entidades gestora[204].

---

[203] V. n.º 14 do artigo 22.º do EBF.
[204] Em conformidade com a alínea c) do n.º 14 do artigo 22.º do EBF.

## ii) Tributação das mais-valias com a alienação de UP

À semelhança do sucedido no caso dos FIM e FII, também no caso de Fundos de Fundos, o respectivo regime de tributação, do saldo UP de participação, encontra-se dependente dos respectivos sujeitos passivos em causa:

➢ Caso sejam auferidos pelos participantes referidos na alínea a) da secção VI.1, o saldo positivo entre as mais e menos valias, desta natureza, realizados durante determinado ano, deverá ser tributado à taxa autónoma de 10%[205, 206];

➢ Caso sejam auferidos pelos participantes referidos na alínea b) da secção relativa à tributação dos Rendimentos dos Participantes em Fundos de Investimento Mobiliário e Imobiliário acima, quer os valores relativos à mais-valias, quer os valores relativos às menos-valias realizadas durante determinado ano, deverão ser englobados pelos respectivos sujeitos passivos na sua declaração anual de rendimentos e tributados à sua respectiva taxa de tributação[207];

➢ Caso sejam auferidos pelos participantes referidos na alínea c) da secção VI.1, o saldo positivo entre as mais e menos-valias, desta natureza, realizados durante determinado ano, deverá encontrar-se isento de tributação, excepto nos seguintes casos em que a tributação deste valor deverá processar-se à taxa autónoma de 25%[208]:

- Entidades não residentes, sem estabelecimento estável em território Português, que sejam detidas, directa ou indirectamente, em mais de 25%, por entidades residentes;
- Entidades não residentes, sem estabelecimento estável em território português, que sejam domiciliadas em país, território

---

[205] V. n.º 4 do artigo 72.º do Código do IRS.

[206] Estes sujeitos passivos poderão ainda optar pelo englobamento destes rendimentos, situação na qual serão tributados com os seus restantes rendimentos à sua taxa geral de tributação, sendo esta progressiva com o valor de rendimento global auferido, podendo atingir um máximo de 42%.

[207] Os sujeitos passivos de IRC têm a sua taxa de tributação genérica nos 25% (acrescida da derrama aplicável), enquanto que a taxa de tributação dos sujeitos passivos de IRS é progressiva, em função do montante de rendimento global auferido pelo sujeito passivo, e poderá ascender a 42%.

[208] V. artigo 27.º do EBF.

ou região, sujeitas a um regime fiscal privilegiado, constante de lista aprovada por Portaria do Ministro das Finanças[209];
• Outros sujeitos passivos não residentes relativamente a unidades de participação quando não negociadas em mercados regulamentados de bolsa.

Podemos, assim, apresentar nas seguintes tabelas os regimes de tributação incidentes sobre os participantes de FF, quer relativamente aos rendimentos decorrentes de UP, quer relativamente aos rendimentos de mais-valias realizadas com a alienação dessas UP, de acordo com o acima referido:

**PARTICIPANTES DE FF**
**(Tributação dos Rendimentos de UP)**

| Tipo de Sujeito Passivo | Residente / Não Residente | Tributação | Regra Aplicável |
|---|---|---|---|
| Sujeitos Passivos de IRS e IRC (fora do âmbito de uma actividade comercial, industrial ou agrícola) | Residentes | Isento | |
| Sujeitos Passivos de IRC e IRS (no âmbito de uma actividade comercial, industrial ou agrícola) | Residentes | Englobamento obrigatório (Apenas de 40% do seu valor) | Imposto retido ou devido na esfera dos FIM e/ou FII que lhe deram origem não poderá ser deduzido pelos respectivos participantes. |
| Sujeitos passivos de IRC e IRS | Não Residentes (E cujo rendimento não seja imputável a estabelecimento estável) | Isento | |

**PARTICIPANTES DE FF**
**(Tributação das Mais-Valias com UP)**

| Tipo de Sujeito Passivo | Residente / Não Residente | Tributação | Regra Aplicável |
|---|---|---|---|
| Sujeitos Passivos de IRS (fora do âmbito de uma actividade comercial, industrial ou agrícola) | Residentes | 10% (Com opção pelo englobamento) | |
| Sujeitos Passivos de IRC e IRS (no âmbito de uma actividade comercial, industrial ou agrícola) | Residentes | Englobamento obrigatório | |
| Outros sujeitos passivos de IRC e IRS (a) | Não Residentes (E cujo rendimento não seja imputável a estabelecimento estável) | Isento | |

(a) Com excepção das entidades que sejam residentes em país, território ou região sujeito a regime fiscal claramente mais favorável, constante de lista aprovada por Portaria do Ministro das Finanças, das entidades não residentes detidas, directa ou indirectamente, em mais de 25% por entidades residentes bem como das entidades cujas respectivas UP não sejam negociadas em mercados regulamentados de bolsa, cuja tributação dos respectivos rendimentos é efectuada por retenção na fonte à taxa de 25%.

---

[209] A Portaria n.º 150/2004, de 13 de Fevereiro, estabelece a lista dos países, territórios e regiões com regimes de tributação privilegiada.

## VII. TRIBUTAÇÃO EM SEDE DE IMPOSTO SOBRE O VALOR ACRESCENTADO ("IVA")

Passemos, então, à analise do regime tributário dos Fundos de Investimento constituídos e a operar de acordo com legislação nacional, em sede de IVA, relevando quer a perspectiva dos Fundos de Investimento quer a perspectiva das próprias sociedades gestoras enquanto tal.

De acordo com o disposto no Código do IVA encontram-se sujeitos a tributação[210], designadamente, as transmissões de bens e as prestações de serviços efectuadas no território nacional, a título oneroso, por um sujeito passivo agindo como tal, encontrando-se incluídos na definição de sujeito passivo de imposto[211], quer os Fundos de Investimento, constituídos e a operar de acordo com a legislação nacional, quer as respectivas sociedades gestoras.

Ora, resulta claro a importância que o IVA poderá assumir na actividade dos Fundos de Investimento em Portugal, e em particular, no caso dos Fundos de Investimento Imobiliário[212].

Por forma a analisar o regime em causa, a presente secção contém as seguintes subsecções relativas à tributação em sede de IVA:

1) Da actividade dos Fundos de Investimento;
2) Da actividade das Entidades Depositárias;
3) Da actividade dos Fundos de Investimento Imobiliário;
4) Da actividade das Entidades Gestoras.

---

[210] O artigo 1.º do Código do IVA define a incidência objectiva deste imposto, ou seja, as situações susceptíveis de ser objecto de tributação em sede do imposto vertente.

[211] O artigo 2.º do Código do IVA define a incidência subjectiva do IVA, ou seja, quem são sujeitos passivos deste imposto.

[212] Tendo em consideração a actividade imobiliária e o regime legal de renúncia à isenção de IVA, previsto no Decreto-lei n.º 21/2007.

### VII.1. Da actividade dos Fundos de Investimento

O Código do IVA isenta de tributação diversas realidades, entre as quais destacamos aquelas com natureza financeira[213], bem como as referentes à locação e alienação onerosa de imóveis, estas últimas versadas nas subsecções seguintes em sede de comercialização e exploração de imóveis por FII.

Assim, encontram-se isentas de IVA, as seguintes operações:

a) A concessão e a negociação de créditos, sob qualquer forma, compreendendo operações de desconto e redesconto, bem como a sua administração ou gestão efectuada por quem os concedeu;

b) As operações, compreendendo a negociação, relativamente a depósitos de fundos, contas correntes, pagamentos, transferências, recebimentos, cheques, efeitos de comércio e afins, com excepção das operações de simples cobrança de dívidas;

c) As operações, incluindo a negociação, que tenham por objecto divisas, notas bancárias e moedas, que sejam meios legais de pagamento;

d) As operações e serviços, incluindo a negociação, mas com exclusão da simples guarda e administração ou gestão, relativos a acções, outras participações em sociedades ou associações, obrigações e demais títulos[214];

e) Os serviços e operações relativos à colocação, tomada e compra firmes de emissões de títulos públicos ou privados;

f) A administração ou gestão de Fundos de Investimento.

### VII.2. Da actividade das Entidades Depositárias

*i) Comissões de Depósito*

O regime jurídico dos Fundos de Investimento Mobiliários[215] estabelecem que os activos que integram a carteira dos Fundos de Investimento

---

[213] V. o n.º 27 do artigo 9.º do Código do IVA.

[214] Importa referir que não se encontram abrangidos pela isenção em questão os títulos representativos de mercadorias e dos títulos representativos de operações sobre bens imóveis quando efectuadas por um prazo inferior a 20 anos.

[215] O regime jurídico dos OIC foi aprovado pelo Decreto-Lei n.º 252/2003, de 17 de Outubro.

deverão ser confiados a uma única entidade depositária, a qual deverá cumprir requisitos e deveres específicos, sendo a sua actividade remunerada através de uma comissão, comummente designada por comissão de depósito, cobrada aos Fundos de Investimento.

Contudo, a antedita comissão visa remunerar não apenas o serviço de depósito mas, também, uma série de outros serviços que, nos termos da lei, são competência das entidades depositárias[216].

Ora, às comissões de depósito que pretendem remunerar as entidades depositárias pela realização dos seus deveres, nomeadamente os acima referidos, tem sido aplicada a isenção de IVA que isenta a administração ou gestão de Fundos de Investimento, o que mereceu ratificação expressa por parte da Administração Tributária Portuguesa[217, 218].

Neste contexto, sem prejuízo da vastidão e interesse do tema se proporcionar a um aprofundamento incompatível com o presente estudo, ainda que se vislumbrem alterações nesta matéria a médio prazo, importa evidenciar que, tendo a Administração Tributária Portuguesa emitido o seu entendimento, de forma tão clara e objectiva, se encontram acauteladas as situações cujo enquadramento tributário se efectuou ao abrigo de tal entendimento[219, 220].

---

[216] V. secção III.2 supra.

[217] O Ofício-Circulado n.º 15176, de 10 de Fevereiro de 1998 e o Ofício-Circulado n.º 30001, de 15 de Abril de 1999, ambos da Direcção dos Serviços do IVA, relativamente aos Fundos de Investimento Mobiliário e Imobiliário, respectivamente, nos quais a Administração Tributária propugna a aplicação da isenção de IVA à administração e gestão de Fundos de Investimento, bem como às comissões de depósito cobradas a estes organismos pelas entidades depositárias.

[218] Relativamente a esta questão o Tribunal de Justiça das Comunidades Europeias (TJCE) veio já pronunciar-se contrariamente a esta posição (através de decisão proferida no dia 4 de Maio de 2006 – Processo C-169/04), defendendo que as funções dos agentes depositários respeitam a uma actuação de controlo e fiscalização e, como tal tributáveis em IVA.

[219] A alínea b), do n.º 4 do artigo 68.º da Lei Geral Tributária dispõe que a administração tributária se encontra vinculada, nomeadamente, às orientações genéricas constantes de circulares, regulamentos ou instrumentos de idêntica natureza emitidas sobre a interpretação das normas tributárias que estiverem em vigor no momento do facto tributário.

[220] O n.º 5 do artigo 68.º da Lei Geral Tributária dispõe que não são invocáveis retroactivamente perante os contribuintes que tenham agido com base numa interpretação plausível e de boa fé da lei os actos administrativos decorrentes de orientações genéricas emitidas pela administração tributária.

## ii) Outros serviços realizados pelas Entidades Depositárias

Adicionalmente, tendo em consideração que para além da mera função de depositário, a este é legalmente permitido praticar outras funções complementares[221] importa antecipar ou acautelar eventuais alterações legislativas cuja efectivação é expectável.

Deste modo, atento o facto de estarmos perante situações, potencialmente, sujeitas a diferentes enquadramentos em sede de IVA, para evitar que se proceda à liquidação do IVA sobre a totalidade do valor cobrado pelos serviços prestados por estas entidades, deverão estas proceder à distinção dos diversos serviços por si prestados, por forma a ser possível identificar e distinguir as operações sobre as quais deverá existir incidência de IVA e aquelas que se encontrem isentas deste imposto.

### VII.3. Da actividade dos Fundos de Investimento Imobiliário

Relativamente à actividade imobiliária, o regime legal actualmente em vigor consagra relevantes isenções em sede de IVA[222], a saber:
a) Na locação de imóveis[223];
b) Nas operações sujeitas a Imposto Municipal sobre as Transmissões Onerosas de Imóveis ("IMT")[224].

---

[221] Sobre as funções do depositário veja-se o artigo 13.º do Decreto-Lei n.º 60/2002, de 20 de Março, bem como o artigo 40.º do Decreto-Lei n.º 252/2003, de 17 de Outubro, relativamente a Fundos de Investimento Imobiliário e Fundos de Investimento Mobiliário, respectivamente. V., ainda, a secção III.2 supra.

[222] V. n.ºs 29 e 30 do artigo 9.º do Código do IVA.

[223] O n.º 29 do artigo 9.º do Código do IVA excepciona diversas realidades da aplicação desta isenção de IVA. Entre estas, podemos encontrar as seguintes:
- As prestações de serviços de alojamento, efectuadas no âmbito da actividade hoteleira ou de outras com funções análogas, incluindo parques de campismo;
- A locação de áreas para recolha ou estacionamento colectivo de veículos;
- A locação de máquinas e outros equipamentos de instalação fixa, bem como qualquer outra locação de bens imóveis de que resulte a transferência onerosa da exploração de estabelecimento comercial ou industrial;
- A locação de cofres-fortes;
- A locação de espaços para exposições ou publicidade.

[224] Aqui se incluindo, dada a natureza do IMT, as transmissões onerosas de imóveis efectuadas por estes veículos de investimento.

No entanto, apesar de isentas, estas operações poderão ser, em determinadas situações e mediante observância dos respectivos requisitos legais, objecto de renúncia à isenção do IVA pelos Fundos de Investimento.

Não obstante, tal prerrogativa deverá ser exercida com cautela, atenta as diversas dificuldades (senão mesmo obstáculos[225]) apresentados pelo regime actual de renúncia a isenção de IVA.

### i) Renúncia à isenção de IVA

Nos termos do regime legal em vigor[226] os sujeitos passivos (neste caso, os Fundos de Investimento) que procedam à locação ou à transmissão onerosa de direitos de propriedade sobre prédios urbanos ou fracções autónomas destes, a outros sujeitos passivos, que os utilizem, total ou predominantemente, em actividades que conferem direito à dedução, podem renunciar à isenção de IVA[227].

Contudo a renúncia ao regime de isenção encontra-se condicionada à verificação de determinadas condições legais, que passamos seguidamente a analisar resumidamente.

### i.a) Condições objectivas

Tal opção apenas é possível para as operações de locação ou de alienação do direito de propriedade relativamente às quais se encontrem verificados determinados requisitos objectivos, tais como:
- O imóvel se trate de um prédio urbano ou de uma fracção autónoma deste ou ainda, no caso de transmissão, de um terreno para construção;

---

[225] Sobre este tema veja-se o artigo doutrinário "IVA – alteração do regime de tributação de operações imobiliárias", in CTOC n.º 88, de Julho de 2007, de João Pedro A. Luís e Tiago dos Santos Matias.

[226] Regime de renúncia à isenção do IVA encontra-se previsto no Decreto-Lei n.º 21//2007, de 29 de Janeiro, tendo a Administração Tributária emitido o seu entendimento sobre esta matéria no Ofício-Circulado n.º 30099, de 9 de Fevereiro de 2007, e no Oficio-Circulado n.º 30101, de 24 de Maio.

[227] V. Regime de Renúncia à Isenção do IVA nas Operações Relativas a Bens Imóveis aprovado pelo Decreto-Lei n.º 21/2007, de 29 de Janeiro.

- Quando os imóveis se encontrem inscritos na matriz em nome do titular, ou tenha sido pedida a sua inscrição, e não se destinem à habitação;
- Quando se verifique a locação ou a transmissão do direito de propriedade relativamente à totalidade de prédio urbano ou fracção autónoma deste;
- Quando os imóveis sejam afectos a actividades que confiram direito à dedução de IVA suportado nas aquisição;
- Quando, no caso de locação, o valor da renda anual seja igual ou superior a 1/25 do valor de aquisição ou construção do imóvel;
- Quando se trate de primeira transmissão ou locação após construção, transformação ou renovação, o IVA suportado haja ou ainda possa ser, total ou parcialmente, deduzido;
- Quando se trate de transmissão ou locação após operação com renúncia a isenção de IVA, ainda não se encontre esgotado o prazo de regularização do IVA para as despesas de construção ou aquisição[228].

*i.b) Condições subjectivas*

Adicionalmente, os sujeitos passivos apenas poderão optar pela renúncia de IVA caso se encontrem verificados determinados requisitos subjectivos, tais como:
- Quando os adquirentes sejam sujeitos passivos de IVA[229] e utilizem estes imóveis em actividades que confiram direito à dedução;
- Quando, quer transmitentes, quer adquirentes, exerçam actividades que confiram um direito à dedução de, pelo menos, 80% do IVA por si suportado[230];

---

[228] De acordo com o n.º 2 do artigo 24.º do Código do IVA o prazo de regularização nestes casos é de 20 anos.

[229] O artigo 2.º do Código do IVA define como sujeitos passivos deste imposto as pessoas singulares ou colectivas que, de um modo independente e com carácter de habitualidade, exerçam actividades de produção, comércio ou prestação de serviços.

[230] Existem, no entanto, excepções a esta regra, designadamente, quando estejamos perante actividades de construção, reconstrução ou aquisição de imóveis para venda (V. Decreto-Lei n.º 21/2007, de 29 de Janeiro).

- Quando, quer transmitentes, quer adquirentes, não se encontrem enquadrados no regime dos pequenos retalhistas e tenham contabilidade organizada;
- Quando estas operações sejam efectuadas entre sujeitos passivos com relações especiais[231] o valor tributável deverá ser o valor normal[232, 233] nas situações em que a contraprestação for inferior e destinatário não possa deduzir integralmente IVA ou que a contraprestação for superior e transmitente não tenha direito à dedução integral.

*i.c) Procedimento de renúncia do IVA*

Os Fundos de Investimento interessados deverão solicitar o certificado de renúncia via *Internet*,[234] sendo as informações enviadas aquando de tal solicitação objecto de confirmação, por parte da Administração Tributária, junto do adquirente do imóvel em causa. O certificado em questão deverá ser emitido no prazo de 10 dias e será válido por um prazo de 6 meses a contar da data em que fica disponível para o sujeito

---

[231] O conceito de relações especiais encontra-se definido no n.º 4 do artigo 58.º do Código do IRC que pretende identificar as entidades relacionadas entre si devido, nomeadamente, à detenção de participações privilegiadas ou ao exercício do poder de influência na gestão.

[232] O n.º 4 do artigo 16.º do Código do IVA define que o valor normal resulta do preço aumentado dos elementos enunciados no n.º 5 da mesma norma, designadamente, os impostos, direitos, taxas e outras imposições, com excepção do próprio imposto sobre o valor acrescentado ou as despesas acessórias debitadas, como sejam as respeitantes a comissões, embalagem, transporte, seguros e publicidade efectuada por conta do cliente.

[233] Para este efeito, considera-se que o valor normal da transmissão do imóvel não pode ser inferior (embora possa ser superior) ao valor patrimonial tributário definitivo considerado para efeitos de IMT, independentemente de haver ou não lugar à liquidação deste imposto (Ver Decreto-Lei n.º 21/2007, de 29 de Janeiro).

[234] Este certificado pode ser conseguido através de um pedido efectuado, previamente à realização destas operações, por via electrónica, no site da DGCI – "www.dgci.minfinancas.pt", seleccionando a opção de Declarações Electrónicas, ou directamente em "www.e-financas.gov.pt". A este respeito importa referir que, actualmente, se afigura impossível aos sujeitos passivos corrigir qualquer lapso evidenciado na solicitação do certificado em causa, como seja o preço indicado. Ora, por tal facto poder, no limite, ter graves repercussões para o sujeito passivo, afigura-se imperativo que tal situação seja merecedora da devida atenção e sanação por parte da administração tributária, sob pena de, por mera questão formal, ser subvertida aplicação do regime legal.

passivo, findo o qual, caso as referidas operações não se encontrem realizadas, terá de ser efectuado um novo pedido.

*i.d) Outras obrigações dos sujeitos passivos*

Os sujeitos passivos de IVA que procedam à opção de renúncia à isenção nos termos acima expostos, ficam obrigados ao cumprimento de diversas obrigações acessórias, nomeadamente, de natureza contabilística, declarativa e de liquidação do imposto, de entre quais destacamos:
- Os transmitentes ou locadores deverão contabilizar os proveitos e custos inerentes ao imóveis em que se deu a renúncia em separado;
- Os adquirentes deverão contabilizar a aquisição dos imóveis em que se deu a renúncia em separado, de forma a evidenciar o imposto por si autoliquidado nessas operações;
- Os transmitentes e locadores deverão proceder à dedução do imposto suportado com vista à realização das operações relativas a cada imóvel, pelo método da afectação real;
- Os transmitentes ou locadores deverão apresentar declaração de alterações de IVA antes do pedido do primeiro certificado;
- Os transmitentes deverão proceder à emissão de factura (ou documento equivalente[235]), ou, em alternativa, suportar documentalmente a operação pela respectiva escritura[236] pública de compra e venda, a qual, à semelhança das facturas e documentos equivalentes, deverá conter a menção "IVA devido pelo adquirente";
- No caso de transmissão de imóveis, cabe ao adquirente proceder à liquidação do IVA respectivo.

### VII.4. Da actividade das Entidades Gestoras

A actividade de gestão desenvolvida pelas entidades gestoras encontra-se expressamente isenta de tributação em sede de IVA, em conformidade com o n.º 27 do artigo 9.º do Código do IVA.

---

[235] As facturas ou documentos equivalentes deverão cumprir os requisitos previstos no artigo 36.º do Código do IVA.

[236] Neste caso deverão ser observados os requisitos previstos no n.º 5 do artigo 36.º do Código do IVA, à excepção do requisito de numeração sequencial por o mesmo ser, naturalmente, inaplicável.

## VIII. TRIBUTAÇÃO EM SEDE DE IMPOSTOS SOBRE O PATRIMÓNIO

Antes de entrarmos no regime tributário vigente em Portugal referente aos impostos sobre o Património, a saber o IMT e Imposto Municipal sobre Imóveis ("IMI"), importa ter presente que, atento o facto de os mesmos incidirem sobre o património imobiliário, apenas é aplicável aos Fundos de Investimento Imobiliário[237].

### VIII.1. IMT

Em termos gerais, de acordo com o disposto no Código do IMT[238], este imposto deverá incidir sobre as transmissões, a título oneroso, do direito de propriedade ou de figuras parcelares desse direito, sobre bens imóveis situados no território nacional.

Neste contexto, importa distinguir os diferentes tipos de prédios que, de acordo com a definição constante do Código do IMI[239], poderão

---

[237] V. secção IV supra.
[238] V. artigo 2.º do Código do IMT.
[239] O artigo 2.º do Código do IMI define como "prédio" toda a fracção de território, abrangendo:
- As águas, plantações, edifícios e construções de qualquer natureza nela incorporados ou assentes, com carácter de permanência, desde que faça parte do património de uma pessoa singular ou colectiva e, em circunstâncias normais, tenha valor económico;
- As águas, plantações, edifícios ou construções, nas circunstâncias anteriores, dotados de autonomia económica em relação ao terreno onde se encontrem implantados, embora situados numa fracção de território que constitua parte integrante de um património diverso ou não tenha natureza patrimonial.

fazer parte do património dos Fundos de Investimento Imobiliário[240]:
a) Os prédios rústicos[241] – os terrenos situados fora de um aglomerado urbano que não sejam de classificar como terrenos para construção[242], desde que estejam afectos ou, na falta de concreta afectação, tenham como destino normal uma utilização geradora de rendimentos agrícolas, tais como são considerados para efeitos do IRS[243];
b) Os prédios urbanos[244] – todos os que não possam ser classificados como prédios rústicos, onde se incluem, designadamente, os com fins habitacionais, os comerciais, os industriais ou para serviços; e,
c) Os prédios mistos[245] – nas situações em que um prédio tenha partes rústica e urbana mas nenhuma pode ser classificada como principal.

Por outro lado, importa ter presente outras situações que, apesar de não constituírem uma transmissão onerosa do direito de propriedade sobre bens imóveis, também se encontram sujeitas a tributação em sede de IMT[246], das quais destacamos a título de exemplo:
a) O arrendamento com a cláusula de que os bens arrendados se tornam propriedade do arrendatário depois de satisfeitas todas as rendas acordadas;
b) O arrendamento ou subarrendamento a longo prazo, considerando-se como tais os que devam durar mais de 30 anos, quer a duração seja estabelecida no início do contrato, quer resulte de

---

[240] Relembramos que os Fundos de Investimento Imobiliário não podem investir em todo o tipo de prédios, contrariamente aos Fundos Especiais de Investimento Imobiliário, os quais são caracterizados por uma maior flexibilidade nesta matéria (V. nota 29 supra).
[241] Ver artigo 3.º do Código do IMI.
[242] V. n.º 3 do artigo 6.º do Código do IMI.
[243] Poderão ser ainda classificados como prédios rústicos outros tipos de prédios, nomeadamente, os terrenos situados dentro de um aglomerado urbano, desde que, por força de disposição legalmente aprovada, não possam ter utilização geradora de quaisquer rendimentos ou só possam ter utilização geradora de rendimentos agrícolas e estejam a ter, de facto, esta afectação (V. artigo 3.º do Código do IMI).
[244] V. artigo 4.º do Código do IMI.
[245] V. artigo 5.º do Código do IMI.
[246] V. artigo 2.º do Código do IMT.

prorrogação, durante a sua vigência, por acordo expresso dos interessados, e ainda que seja diferente o senhorio, a renda ou outras cláusulas contratuais;
c) A aquisição de partes sociais ou de quotas nas sociedades em nome colectivo, em comandita simples ou por quotas, quando tais sociedades possuam bens imóveis, e quando por aquela aquisição, por amortização ou quaisquer outros factos, algum dos sócios fique a dispor de, pelo menos, 75% do capital social;
d) As permutas, pela diferença declarada de valores ou pela diferença entre os valores patrimoniais tributários, consoante a que for maior;
e) Cessão da posição contratual em contrato promessa de compra e venda.

De facto, apesar de existirem outras realidades que, apesar de não consubstanciarem directamente uma transmissão onerosa do direito de propriedade sobre bens imóveis poderiam ser formas de contornar o âmbito de sujeição de IMT, pelo que o legislador optou por sujeitar as mesmas a IMT por forma a evitar uma abusiva aplicação da lei[247].

Contudo, apesar de sujeitas a IMT, importa sublinhar que as aquisições de direitos de propriedade sobre bens imóveis detidos por Fundos de Investimento Imobiliário ou Fundos Especiais de Investimento Imobiliário, constituídos e a operar de acordo com a legislação nacional, se encontram isentos de IMT[248], salvo os casos legalmente excepcionados.

Com efeito, as aquisições efectuadas por:
➢ Fundos de Investimento Imobiliário mistos; ou,
➢ Fundos de Investimento Imobiliário fechados,
ambos, de subscrição particular por investidores não qualificados[249] ou por instituições financeiras por conta daqueles a antedita isenção não lhes será aplicável, não poderão beneficiar da referida isenção

---

[247] Em conformidade com estabelecido no Código do IMT, designadamente, o artigo 2.º relativo à incidência objectiva e territorial.

[248] Em conformidade com o n.º 1 do artigo 49.º do EBF.

[249] A este respeito não podemos de deixar de evidenciar as diversas questões suscitadas com a aplicação e preenchimento de tal conceito. De facto, a lei invoca o conceito de investidores qualificados mas não refere quem o deverá atestar, nem tão pouco o que

de IMT, sendo-lhes aplicáveis as respectivas taxas de IMI e IMT reduzidas para metade[250].

As taxas de IMT genericamente aplicáveis são[251]:
a) Entre 1%, para um valor patrimonial tributário ("VPT") de 87.500,00 Euro, e 6%, para um VPT superior a 521.700,00 Euro, sobre a aquisição de prédio urbano ou de fracção autónoma de prédio urbano destinado exclusivamente a habitação. As taxas de IMT a incidir, variam de forma progressiva com o valor dos respectivos imóveis;
b) 5% sobre a aquisição de prédios rústicos;
c) 6,5% sobre a aquisição de outros prédios urbanos e outras aquisições onerosas. Temos, então, esquematicamente:

| IMPOSTO SOBRE AS TRANSMISSÕES ONEROSAS DE IMÓVEIS ||||
|---|---|---|---|
| Tipo de Prédio | Taxa Genérica | Taxa aplicada a FII | Taxa aplicada a FII mistos ou fechados (a) |
| Prédios Urbanos (destinado exclusivamente a habitação) | 1% a 6% | Isento | 0,5% a 3% |
| Prédios Rústicos | 5% | Isento | 2,5% |
| Prédios Urbanos e Outras Aquisições Onerosas | 6,5% | Isento | 3,25% |

(a) De subscrição particular, por investidores não qualificados ou por instituições financeiras por conta daqueles

---

entende por investidor qualificado. Ora, as divergências na aplicação de tal norma têm sido frequentes, sendo umas vezes exigida a comprovação por parte da sociedade gestora, outras por parte da CMVM e outras em que se aplica a isenção total por manifesta incapacidade da Administração Tributária para determinar com precisão da existência exclusiva ou não de investidores qualificados. Assim, importa que o legislador aclare o alcance de tal preceito, tanto mais que com a transposição da DMIF para Portugal (conforme supra referido nas notas 62 e 63) um investidor não qualificado poderá ser reclassificado a seu pedido (contanto que preencha dois dos três requisitos legais constantes do artigo 317.º-B do Decreto-Lei n.º 357-A/2007, de 31 de Outubro) como investidor qualificado o que, de certo modo, poderá subverter a aplicação das regras em questão; tanto mais que, nos termos do artigo 11.º da Lei Geral Tributária, sempre que as normas fiscais recorram a conceitos próprios de outros ramos de direito devem os mesmos ser interpretados no sentido que têm em tais ramos.

[250] V. n.º 2 do artigo 49.º do EBF.
[251] V. artigo 17.º do Código do IMT.

## VIII.2. IMI

*i) Regime geral*

Em termos gerais, de acordo com o disposto no Código do IMI, este imposto deverá incidir sobre o VPT dos prédios rústicos e urbanos situados no território português, constituindo o valor global deste imposto receita dos municípios onde os mesmos se localizam[252].

Também neste caso cumpre referir que os tipos de prédios sobre os quais incide o IMI coincidem com os identificados na secção anterior, em sede de IMT.

De acordo com o quadro legal vigente, o IMI é devido pelo proprietário, usufrutuário ou superficiário do prédio em 31 de Dezembro do ano a que o mesmo respeitar[253], sendo que, presume-se proprietário, usufrutuário ou superficiário, para efeitos fiscais, quem como tal figure ou deva figurar na matriz, em 31 de Dezembro do respectivo ano ou, na falta de inscrição, quem em tal data tenha a posse do prédio.

Contudo, também no caso do IMI, não obstante as antedita regras de sujeição, importa sublinhar que os prédios integrados em Fundos de Investimento Imobiliário e equiparáveis, constituídos e a operar de acordo com a legislação nacional, se encontram isentos de IMI[254].

No entanto, à semelhança do regime aplicável em sede de IMT, a antedita isenção comporta excepções, as quais será aplicável a taxa de IMI reduzida para metade[255, 256].

As taxas de IMI genericamente aplicáveis são[257]:
a) 0,8%, para prédios rústicos:
b) 0,4% a 0,8%, para prédios urbanos;
c) 0,2% a 0,5%, para os prédios urbanos avaliados, nos termos do Código do IMI.

Os prédios mistos, ou seja, aqueles que são constituídos por parte rústica e urbana, aplica-se ao VPT de cada uma das partes a respectiva taxa.

---

[252] Conforme previsto no artigo 1.º do Código do IMI.
[253] V. artigo 8.º do Código do IMI.
[254] De acordo com n.º 1 do artigo 49.º do EBF.
[255] V. notas 249 e 250 supra.
[256] V. n.º 2 do artigo 49.º do EBF.
[257] V. artigo 112.º do Código do IMI.

Cumpre referir que o legislador introduziu, recentemente[258], uma penalização para prédios urbanos que se encontrem devolutos há mais de um ano[259], caso em que as taxas de imposto acima identificadas serão elevadas para o dobro.

Apesar do Código do IMI, relativamente ao prédios urbanos, fixar intervalos de taxas dentro dos quais deverão encontrar-se as respectivas taxas de imposto a aplicar, são os municípios quem, mediante deliberação da Assembleia Municipal[260], devem fixar a taxa a aplicar em cada ano, respeitando, porém, estes intervalos.

*ii) Prédios Urbanos objectos de reabilitação*

Existem, no entanto, ainda alguns benefícios adicionais em sede deste imposto para os prédios urbanos objecto de acções de reabilitação, quando integrados no activo de FIIRU.

De facto, este tipo de prédios são passíveis de isenção de IMI por um período de 5 anos, a contar do ano de conclusão da sua reabilitação[261, 262], ainda que, refira-se, esta isenção possa ser objecto de renovação por um período adicional de 3 anos[263].

---

[258] V. artigo 7.º da Lei n.º 6/2006, de 27 de Fevereiro, a qual procedeu ao aditamento do n.º 3 ao artigo 112.º do Código do IMI.

[259] Para este efeito, considerando-se devolutos os prédios como tal definidos no Decreto-Lei n.º 159/2006, de 8 de Agosto.

[260] As taxas de IMI a vigorar em cada ano deverão ser publicadas em edital por cada um dos respectivos municípios. A este respeito não podemos deixar de lamentar que, atenta a importância de tal deliberação na esfera dos contribuintes, o legislador não tenha até à data imposto a sua publicação em Diário da República.

[261] Nos termos do artigo 5.º do Regime Extraordinário de Apoio à Reabilitação Urbana, a concessão desta isenção depende de deliberação da Assembleia Municipal.

[262] Nos termos do artigo 5.º do Regime Extraordinário de Apoio à Reabilitação Urbana cabe à Câmara Municipal, verificados os pressupostos do exercício do direito à isenção em relação a cada prédio, informar o serviço de finanças da respectiva área de localização do reconhecimento desta isenção, no prazo de 30 dias após a comunicação das obras de reabilitação.

[263] Nos termos do artigo 5.º do Regime Extraordinário de Apoio à Reabilitação Urbana cabe à Câmara Municipal, verificados os pressupostos do exercício do direito à isenção em relação a cada prédio, informar o serviço de finanças da respectiva área de localização da renovação desta isenção, com uma antecedência de 90 dias em relação ao termo da isenção alvo de renovação.

A este respeito cumpre evidenciar que o regime em questão não é cumulativo com outros benefícios fiscais de idêntica natureza não prejudicando, porém, a opção por outro mais favorável[264].

Podemos, assim, apresentar na seguinte tabela as taxas de tributação incidentes sobre cada um dos tipos de prédios, em cada uma das realidades associadas às actividades dos Fundos de Investimento:

| IMPOSTO MUNICIPAL SOBRE IMÓVEIS ||||
|---|---|---|---|
| Tipo de Prédio | Taxa Genérica | Taxa aplicada a FII | Taxa aplicada a FII mistos ou fechados (a) |
| Prédios Rústicos | 0,8% | Isento | 0,4% |
| Prédios Urbanos | 0,4% a 0,8% | Isento | 0,2% a 0,4% |
| Prédios Urbanos (Avaliados nos termos do Código do IMI) | 0,2% a 0,5% | Isento | 0,1% a 0,25% |
| Prédios Urbanos Objecto de Reabilitação | 0,2% a 0,5% | Isento | Isento (b) |

(a) De subscrição particular, por investidores não qualificados ou por instituições financeiras por conta daqueles
(b) Isenção válida por um período de 5 anos a contar do ano (inclusive) da conclusão da mesma reabilitação e renovável por um período adicional de 3 anos.

---

[264] V. n.º 5 do artigo 5.º do Regime Extraordinário de Apoio à Reabilitação Urbana.

## IX. OBRIGAÇÕES ACESSÓRIAS

Sujeitos ao regime geral de obrigações declarativas, não raramente se verifica que diversos modelos ou impressos de cumprimento das obrigações declarativas acessórias dos Fundos de Investimento, constituídos e a operar de acordo com a legislação nacional, lhes são aplicáveis, desconsiderando as suas características específicas.

No entanto, decorrente do facto dos Fundos de Investimento se tratarem de entidades destituídas de personalidade jurídica, por via da aplicação das regras de representação[265], incumbe às respectivas sociedades gestoras o cumprimento das obrigações legais e tributárias a que os Fundos de Investimento[266] se encontram adstritos, que passaremos a analisar de seguida, nomeadamente, o mecanismo da Conta Corrente com o Estado e as obrigações declarativas junto dos participantes ou da própria Administração Tributária.

### IX.1. Conta Corrente com o Estado – Títulos de Dívida

Os sujeitos passivos de IRC, residentes em território Português (ou com estabelecimento estável aí situado), obrigados a efectuar a retenção na fonte do imposto sobre o rendimento composto por juros contáveis de títulos de dívida[267, 268], devem proceder ao registo individual das transacções,

---

[265] Em consonância com o Decreto-lei n.º 252/2003, de 17 de Outubro e o Decreto-lei n.º 60/2002, de 20 de Março, para os Fundos de Investimento Mobiliários e Imobiliários, respectivamente.

[266] Neste caso importa ter presente que a importância e o marco que constituiu o Oficio-Circulado n.º 90005/2005, de 28 de Julho, o qual, não obstante não ter força de lei, foi acolhido e aplicado pela generalidade do mercado, ainda que contenha algumas incongruências como adiante evidenciado.

[267] De acordo com o disposto no n.º 5 do artigo 5.º do Código do IRS, são considerados juros de títulos de dívida os apurados desde a data do último vencimento ou da

que tenha efectuado, de títulos de dívida emitidos por entidades residentes em território Português[269], numa conta corrente com o Estado[270].

Ora, o antedito regime é igualmente aplicável aos Fundos de Investimento constituídos e a operar em território nacional, devendo estes relevar nessa conta corrente com o Estado os montantes de imposto respectivo, de acordo com as seguintes regras:
- Por um lado, a débito, deverá ser incluído o imposto considerado no apuramento do valor líquido dos juros respeitantes a títulos alienados;
- Por outro lado, a crédito, deverá ser incluído o imposto considerado no apuramento do valor líquido dos juros respeitantes a títulos adquiridos.

Este regime é também aplicável no caso de títulos de crédito sujeitos ao regime de capitalização automática, cujas transmissões tenham sido efectuadas antes do prazo da sua amortização. Ademais, cumpre referir que o saldo desta conta corrente com o Estado deverá ser regularizado trimestralmente, de acordo com o seguinte procedimento:
- Sendo credor, a respectiva importância será entregue nos cofres do Estado até ao dia 20 do mês seguinte ao do trimestre em que foi apurado;
- Sendo devedor, a respectiva importância pode ser compensada nas entregas de imposto retido pelas entidades credoras sobre os rendimentos de capitais, a efectuar após o seu apuramento.

No entanto, sem prejuízo do referido, é concedida às entidades credoras a faculdade de pedirem o seu reembolso nas seguintes situações[271]:

---

emissão, primeira colocação ou endosso, se ainda não houver ocorrido qualquer vencimento, até à data em que ocorra alguma transmissão dos respectivos títulos, bem como a diferença, pela parte correspondente àqueles períodos, entre o valor de reembolso e o preço de emissão, no caso de títulos cuja remuneração seja constituída, total ou parcialmente, por essa diferença.

[268] V. alínea c) do n.º 3 do artigo 7.º do Código do IRS.

[269] Entidades com residência, domicílio, sede ou direcção efectiva em território Português, ou que aí possuam estabelecimento estável a que seja imputável esse rendimento, nos termos do artigo 5.º do Código do IRC.

[270] De acordo com o artigo 12.º-A do Decreto-Lei n.º 42/91 de 22 de Janeiro.

[271] V. n.º 4 do artigo 12.º-A do Decreto-Lei n.º 42/91 de 22 de Janeiro.

- Caso esta compensação não tiver sido possível até ao fim do trimestre seguinte ao do apuramento do saldo devedor e este for igual ou superior a 24.939,90 Euro; ou,
- Qualquer que seja o montante, até à entrega do imposto respeitante ao último período de retenção anual.

A este respeito importa ter presente que, caso este reembolso seja solicitado, não poderá ser efectuada a respectiva compensação por alguma das formas acima previstas.

Adicionalmente, não é permitido, em caso algum, a utilização do saldo devedor como retenção com a natureza de pagamento por conta na declaração anual de rendimentos da entidade credora, possibilidade esta que, dado o presente regime aplicável aos Fundos de Investimento, já se mostrar inviável à partida no que a estes diz respeito.

### IX.2. Declaração de Inscrição no Registo de Início, Alterações e Cessação de Actividade

De acordo com o normativo legal vigente, os Fundos de Investimento nacionais encontram-se obrigados a efectuarem o registo de início, alteração e cessação da sua actividade junto da Administração Tributária Portuguesa[272].

Neste sentido e, para este efeito, deverão as respectivas sociedades gestoras proceder à entrega da declaração de início de actividade em qualquer serviço de finanças ou noutro local legalmente autorizado antes de iniciado o exercício da actividade.

A declaração de inscrição deve ser apresentada pelos sujeitos passivos, em qualquer serviço de finanças ou noutro local legalmente autorizado, no prazo de 90 dias a partir da data de inscrição no Registo Nacional de Pessoas Colectivas[273].

---

[272] V. designadamente o artigo 110.º do Código do IRC.

[273] Ora, não podemos deixar de assinalar que a redacção da lei, ao desconsiderar as especificidades dos Fundos de Investimento, tem levado a frequentes aplicações erróneas do normativo legal vigente. Com efeito, não se encontrando sujeitos a registo no Registo Nacional de Pessoas Colectivas, mas sim junto da CMVM, frequentemente tem sido

Sempre que se verifiquem alterações de qualquer dos elementos constantes da declaração de inscrição no registo, devem as sociedades gestoras entregar a respectiva declaração de alterações, referente ao Fundo em questão, no prazo de 15 dias a contar da data da alteração.

Relativamente à declaração de cessação de actividade, esta deverá ser entregue no prazo de 30 dias a contar da data da ocorrência da mesma em qualquer serviço de finanças ou noutro local legalmente autorizado.

### IX.3. Declarações Periódicas de IVA

Como sujeitos passivos de IVA que são, os Fundos de Investimento deverão, através das sociedades gestoras, proceder à entrega da respectiva declaração periódica de IVA, de acordo com o disposto no Código do IVA, bem como proceder à respectiva entrega do imposto ao Estado, sempre que tal lhes seja aplicável.

O Código do IVA prevê dois regimes distintos, dependendo estes do volume de negócios do respectivo sujeito passivo[274]:
- O regime mensal, para sujeitos passivos com um volume de negócios igual ou superior a 650.000,00 Euro no ano civil anterior, que deverão proceder à entrega da respectiva declaração periódica, por transmissão electrónica de dados, até ao dia 10 do segundo mês seguinte àquele a que respeitam as operações; e,
- O regime trimestral, para sujeitos passivos com um volume de negócios inferior a 650.000,00 Euro no ano civil anterior, que deverão proceder à entrega da respectiva declaração periódica, por transmissão electrónica de dados, até ao dia 15 do segundo mês seguinte ao trimestre do ano civil a que respeitam as operações.

---

exigido aos Fundos o seu registo cadastral junto da Administração Tributária ainda antes de se considerarem sequer regularmente constituídos, para além do facto de a aplicação efectuada pelos seus diversos serviços locais ser disforme, impondo-se, assim, uma uniformização de entendimentos por parte da Administração Tributária, que não poderá deixar de, atentas as limitações da letra lei, pautar a sua actuação por critérios de equidade e justiça.

[274] V. artigo 41.º do Código do IVA.

Os sujeitos passivos que cumpram os requisitos para serem abrangidos pelo regime trimestral poderão, contudo, optar pelo regime mensal, através de menção expressa na declaração de inicio de actividade (para os sujeitos passivos que se encontrem a iniciar a actividade) ou na declaração de alterações[275] (para os outros casos), devendo manter-se neste regime por um período mínimo de três anos[276].

Para os sujeitos passivos que iniciem a actividade, o volume de negócios para estes fins será estabelecido de acordo com a sua previsão para o ano civil corrente, após confirmação pela Direcção-Geral das Contribuições e Impostos.

### IX.4. Declaração de Rendimentos de IRC Modelo 22

O Código do IRC prevê que todos os sujeitos passivos deste imposto, com sede ou domicilio em território nacional, se encontram obrigados à entrega da Declaração Anual de Rendimentos de IRC, Declaração de Rendimentos de IRC Modelo 22, até ao final do mês de Maio do ano seguinte ao qual os rendimentos digam respeito[277].

Apesar da lei não exceptionar o caso dos Fundos de Investimento (como sujeitos passivos de IRC) da regra geral que obriga à entrega da Declaração de Rendimentos de IRC Modelo 22, o seu regime especial de tributação inviabiliza, para efeitos de cálculo do imposto, a sua utilização neste caso particular.

A Administração Fiscal já teve oportunidade de emitir entendimento sobre esta matéria[278], nos qual, refira-se, com premissas algo nebulosos

---

[275] A Declaração de Alterações deverá ser apresentada durante o mês de Janeiro, produzindo esta efeitos a partir do dia 1 de Janeiro do ano da sua apresentação.

[276] V. n.º 3 do artigo 41.º do Código do IVA.

[277] Relativamente aos sujeitos passivos que, nos termos dos n.ºs 2 e 3 do <u>artigo 8.º</u>, adoptem um período de tributação diferente do ano civil, a declaração deve ser apresentada ou enviada até ao último dia útil do 5.º mês posterior à data do termo desse período (V. artigo 112.º do Código do IRC).

[278] Ofício n.º 2128, de 30 de Janeiro de 2008 e Ofício n.º 13466, de 15 de Junho de 2007, ambos dirigidos à Associação de Fundos de Investimento, Pensões e Patrimónios (APFIPP), que, apesar de pretenderem responder a solicitações de esclarecimento no que diz respeito à realidade dos Fundos de Pensões e Fundos de Poupança, poderão também ser relevantes para o caso específico dos Fundos de Investimento.

e evidenciando, inclusivamente, alguma contradição lógica, a Administração Tributaria apenas indica o que já vem previsto na lei, ou seja, a não obrigatoriedade de entrega da Declaração Modelo 22 para entidades que, embora exercendo, a título principal, uma actividade de natureza comercial, industrial ou agrícola, beneficiem de isenção definitiva e total, ainda que a mesma não inclua rendimentos que sejam sujeitos a tributação por retenção na fonte com carácter definitivo, excepto quando estejam sujeitas a uma qualquer tributação autónoma.

Ora, de facto, atento o regime fiscal específico dos Fundos de Investimento constituídos e a operar de acordo com a legislação nacional, estes poderão encontrar-se sujeitos a tributação autónoma sobre pelo menos parte do seu rendimento, pelo que, poderemos ser levados a crer que, estes se deverão encontrar obrigados à entrega da Declaração de Rendimentos Modelo 22[279].

Deste modo, apesar de pouco coerente e desajustada[280], e enquanto o respectivo modelo declarativo não for objecto de alteração e/ou adaptação ao caso particular dos Fundos de Investimento, esta situação deverá ser devidamente acautelada pelas respectivas sociedades gestoras dos Fundos de Investimento, no sentido de evitar eventuais penalizações pelo não cumprimento desta obrigação acessória.

### IX.5. Entrega do Imposto sobre os Rendimentos auferidos pelos Fundos de Investimento

Nas situações em que estes rendimentos não se encontrem sujeitos a retenção na fonte ou isentos de tributação, deverão as respectivas sociedades gestoras proceder à entrega do respectivo imposto sobre o rendi-

---

[279] A ser propugnado tal entendimento, e atento o actual funcionamento do site e-financas (www.e-financas.gov.pt), não podemos deixar de evidenciar a total disformidade do actual modelo declarativo em face da realidade e especificidade dos Fundos de Investimento.

[280] Não podemos deixar de fazer notar a total inadequação que se verifica entre as obrigações declarativas previstas para os fundos de investimento e os modelos declarativos de impressos vigente para o seu cumprimento, estanhando a demora e desatenção evidenciada pela Administração Tributária nesta matéria, em muito resultado pela falta de estudo ou conhecimento da mesma em face desta realidade.

mento auferido pelos Fundos de Investimento por si gerido, até ao final do mês de Abril do ano seguinte ao qual estes rendimentos digam respeito[281].

A este respeito cumpre referir que, mais uma vez, se verifica uma desadequação, senão mesmo inexistência, do modelo declarativo para cumprimento da obrigação em questão. De facto, atenta a inexistência de um modelo declarativo próprio e específico para reporte e, consequente, entrega deste imposto, os contribuintes (leia-se, os Fundos de Investimento, através das respectivas sociedades gestoras) vêem-se compelidos a fazer a sua entrega utilizando a declaração relativa à entrega das retenções na fonte de Impostos sobre o Rendimento e Imposto do Selo[282].

No entanto, atenta a inexistência do modelo declarativo em questão, é usual verificar-se a instauração de processos contra-ordenacionais a Fundos de Investimento que para cumprimento da sua obrigação declarativa fazem uso do – único – modelo declarativo disponível, o qual estabelece o pagamento do respectivo imposto até ao dia 20 do mês de Abril, mas que em total conformidade com o regime legal vigente note--se, apenas efectuam a entrega do respectivo no final do mês de Abril, ou seja dentro do prazo legal e, ainda assim, vêem a Administração Tributária instaurar-lhes um processo de contraordenação por atraso na entrega de imposto e proceder à liquidação de juros compensatórios. A iniquidade é manifesta, urgindo uma correcção célere de tal situação.

### IX.6. Declaração Anual de Informação Contabilística e Fiscal//IES

Outra obrigação declarativa a que se encontram adstritos os Fundos de Investimento é a entrega da respectiva Declaração Anual de Informação Contabilística e Fiscal/IES e respectivos anexos aplicáveis à sua situação em concreto. Esta declaração deve ser enviada, por transmissão electrónica de dados, até ao final do mês de Junho[283].

---

[281] V. artigo 22.º do EBF.

[282] Actualmente o site e-financas (www.e-financas.gov.pt) não tem qualquer modelo declarativo para cumprimento da obrigação declarativa em questão.

[283] Contudo, relativamente aos sujeitos passivos que adoptem um período de tributação diferente do ano civil, a declaração deve ser apresentada até ao último dia útil do sexto mês posterior à data do termo desse período, reportando-se a informação, consoante

## IX.7. Outras Obrigações Acessórias

Os Fundos de Investimento, no seio da sua actividade encontram-se, ainda, obrigados ao cumprimento de todo um conjunto de obrigações acessórias, as quais, em resultado do regime legal aplicável supra referido, devem ser cumpridas pelas respectivas entidades gestoras. Assim, para além das obrigações acessórias anteriormente mencionadas, existem também todo um conjunto de outras obrigações, incluindo as de carácter declarativo, nomeadamente:
- Entrega da declaração de retenção na fonte de Impostos sobre o Rendimento e Imposto do Selo, que deverá ser apresentada pelas respectivas Sociedades Gestoras (até ao dia 20 do mês seguinte ao qual estas retenções na fonte foram efectuadas), em separado para cada um dos Fundos, devidamente identificados com o seu número de contribuinte fiscal, bem como a subsequente entrega das quantias devidas ao Estado[284];
- As obrigações declarativas em sede de IMI, de entre as quais destacamos a entrega da Declaração Modelo 1 do IMI, sempre que qualquer dos Fundos pretenda proceder avaliação ou inscrição de prédios urbanos na matriz, bem como à actualização dos dados constantes da matriz dos imóveis no seu activo aquando da aquisição de um imóvel[285];
- As obrigações declarativas em sede de IMT, de entre as quais destacamos a entrega da Declaração Modelo 1 do IMT, sempre proceda à aquisição de um imóvel e pretenda solicitar a liquidação do respectivo IMT[286];
- Envio de informação, aos respectivos titulares das UP, relativa a rendimentos pagos ou colocados à disposição, bem como respectivas retenções na fonte efectuadas na esfera do fundo (relativas a estes rendimentos), nomeadamente, no que diz respeito ao valor da dedução relativa a lucros que tenham sido colocados à disposição do Fundo de Investimento por pessoas colectivas,

---

o caso, ao período de tributação ou ao ano civil cujo termo naquele se inclua (V. artigo 113.º do Código do IRC).

[284] V. artigo 88.º do Código do IRC.
[285] V. artigos 13.º e 37.º do Código do IMI.
[286] V. artigos 19.º e 21.º do Código do IMT.

sujeitas e não isentas de IRC, que tenham a sua sede ou direcção efectiva em território português (a enviar até ao dia 20 de Janeiro do mês seguinte ao qual os rendimentos dizem respeito)[287];
- Entrega da declaração Modelo 10 relativa ao pagamento ou colocação à disposição de rendimentos sujeitos a IRS e a IRC sujeitos a retenção na fonte, ainda que dispensados, relativos a sujeitos passivos residentes em território nacional (a entregar até ao final do mês de Fevereiro do ano seguinte ao qual os rendimentos dizem respeito)[288, 289];
- Entrega da declaração Modelo 30 relativa ao pagamento ou colocação à disposição de rendimentos sujeitos a IRS e IRC pagos ou colocados à disposição de sujeitos passivos não residentes em território nacional (a entregar até ao final de 31 de Julho do ano seguinte ao qual os rendimentos dizem respeito)[290];
- Entrega da declaração Modelo 31 relativa a rendimentos pagos ou colocados à disposição, sujeitos a retenção na fonte, cujos respectivos titulares, residentes em território nacional, beneficiem de isenção, dispensa de retenção ou redução de taxa (a entregar até ao final de 31 de Julho do ano seguinte ao qual os rendimentos dizem respeito)[291];

---

[287] A lei, através do disposto no artigo 120.º do Código do IRC e do n.º 3 do artigo 119.º do Código do IRS aponta este procedimento como obrigatório no que diz respeito a titulares que sejam sujeitos passivos de IRC e sujeitos passivos de IRS que auferiam estes rendimentos no âmbito de uma actividade profissional (e sujeitos ao englobamento obrigatório deste tipo de rendimentos), enquanto que refere com sendo facultativa e resultante de solicitação no caso dos restantes sujeitos passivos de IRS.

[288] V. artigos 120.º do Código do IRC e alínea c) e d) do n.º 1 do artigo 119.º do Código do IRS.

[289] Mais uma vez não podemos deixar de evidenciar que, apesar de os Fundos de Investimento terem vindo a ser notificados pela Administração Tributária para entrega do Modelo em questão, o actual modelo declarativo genérico se afigura totalmente desadequado à realidade dos Fundos de Investimento. De facto, e ainda que por diversas vezes comunicado à Administração Tributária, afigura-se impossível submeter uma declaração na qual constem rendimentos de participantes negativos. Ora, tal caso sucederá sempre que um participante subscreva UP a um valor bruto e resgate a um valor líquido inferior (quando não tenha havido valorização), caso em que o rendimento pago é negativo, ou se quisermos o rendimento líquido (apurado pela diferença entre o valor pago e o valor recebido) é negativo.

[290] V. artigo 120.º do código do IRC e n.º 7 do artigo 119.º do Código do IRS.

[291] V. artigo 120.º do Código do IRC e n.º 2 do artigo 119.º do Código do IRS.

- Preparação do Dossier Fiscal com toda a informação relevante[292] até ao final do mês de Junho do ano seguinte ao do exercício respectivo[293].

---

[292] A Portaria n.º 359/2000 regulamenta em anexo os documentos que deverão integrar o processo de documentação fiscal a constituir por cada entidade relativo a cada um dos exercícios em que opera.

[293] V. artigo 121.º do Código do IRC.

# ÍNDICE

**I. Tipologia dos Fundos de Investimento** .................................. 7
    i) Quanto à natureza dos seus activos ............................ 7
    ii) Quanto à variabilidade de capital ............................. 9
    iii) Quanto à forma de remuneração do capital .................. 9
    iv) Quanto ao grau de harmomização ............................ 9
    v) Quanto ao espaço de actuação ................................ 10
  I.1 Agrupamento de OICVM .......................................... 10
  I.2 Fundos Especiais de Investimento ................................ 11

**II. Breve Resenha Histórica** ............................................... 13
  II.1 Como tudo começou ............................................. 13
  II.2 A harmonização europeia ........................................ 16
  II.3 No encalço do mercado europeu ................................ 20
  II.4 E Portugal? ....................................................... 26

**III. Organismos de Investimento Colectivo de Valores Mobiliários** ................................................................ 29
  III.1 Entidades gestoras .............................................. 32
  III.2 Entidades depositárias .......................................... 34
  III.3 Entidades comercializadoras ................................... 36
  III.4 Activos ........................................................... 37

**IV. Fundos de Investimento Imobiliário** ................................. 39
  IV.1 Entidades gestoras .............................................. 40
  IV.2 Entidades depositárias .......................................... 42
  IV.3 Entidades comercializadoras ................................... 42
  IV.4 Activos ........................................................... 43
  IV.5 Avaliação de Imóveis ........................................... 44

## V. Regime Tributário dos Fundos de Investimento ................ 49
V.1 Tributação sobre o rendimento dos Fundos de Investimento  50
   V.1.1 Fundos de Investimento Mobiliário ("FIM") ........... 51
   V.1.2 Fundos de Investimento Imobiliário ("FII") ........... 53
   V.1.3 Fundos de Investimento Imobiliário em Recursos Florestais ("FIIRF") ........................................ 55
   V.1.4 Fundos de Investimento Imobiliário em Reabilitação Urbana ....................................................... 56
   V.1.5 Fundos de Fundos ("FF") .......................... 58
   V.1.6 Crédito de Imposto por Dupla Tributação Internacional ........................................................ 59

## VI. Tributação Sobre o Rendimento dos Participantes ........... 61
VI.1 Fundos de Investimento Mobiliário e Imobiliário ......... 61
   i) Tributação dos rendimentos de UP ....................... 61
   ii) Tributação das mais-valias com a alienação de UP .. 64
VI.2 FIIRF e FIIRU ................................................. 66
   i) Tributação dos rendimentos de UP ....................... 66
   ii) Tributação das mais-valias com a alienação de UP .. 68
VI.3 Qualidade de não residente – Realização de prova ........ 69
VI.4 FF ............................................................... 72
   i) Tributação dos rendimentos de UP ....................... 72
   ii) Tributação das mais-valias com a alienação de UP .. 73

## VII. Tributação em Sede de Imposto sobre o Valor Acrescentado  75
VII.1 Da actividade dos Fundos de Investimento ................ 76
VII.2 Da actividade da Entidades Depositárias .................. 76
   i) Comissões de Depósito .................................... 76
   ii) Outros serviços realizados pelas Entidades Depositárias ............................................................ 78
VII.3 Da actividade de Fundos de Investimento Imobiliário  78
   i) Renúncia à isenção de IVA ................................ 79
      i.a) Condições objectivas ................................. 79
      i.b) Condições subjectivas ............................... 80
      i.c) Procedimentos para renúncia à isenção .......... 81
      i.d) Outras obrigações dos sujeitos passivos ......... 82
VII.4 Da actividade das Entidades Gestoras ....................... 82

| | |
|---|---|
| **VIII. Tributação em Sede de Impostos sobre o Património** ... | 83 |
| VIII.1 IMT ................................................................. | 83 |
| VIII.2 IMI .................................................................. | 87 |
|     i) Regime geral ....................................................... | 87 |
|     ii) Prédios urbanos objecto de reabilitação ............. | 88 |
| **IX. Obrigações Acessórias** ........................................... | 91 |
| IX.1 Conta Corrente com o Estado – Títulos de divida ........ | 91 |
| IX.2 Declaração de Inscrição no Registo de Inicio, Alterações e Cessação de Actividade ............................... | 93 |
| IX.3 Declarações Periódicas de IVA ..................................... | 94 |
| IX.4 Declaração de Rendimentos de IRC Modelo 22 ........... | 95 |
| IX.5 Entrega do Imposto sobre o Rendimento auferido pelos Fundos de Investimento ............................................ | 96 |
| IX.6 Declaração Anual de Informação Contabilística e Fiscal | 97 |
| IX.7 Outras Obrigações Acessórias ...................................... | 98 |